有马赖底（临济宗相国寺派管长）

有馬賴底禪文集

傳印敬題

中国佛教协会传印会长题

· 有马赖底禅文集 ·

禅的对话

（日本）有马赖底/著

刘建 华海 译

海南出版社
HAINAN PUBLISHING HOUSE

明日への遺言 著有 有馬賴底

版权合同登记号：图字：30-2012-126 号
图书在版编目（CIP）数据

禅的对话 /（日）有马赖底著；刘建，华海译. --
海口：海南出版社，2014.2
ISBN 978-7-5443-5260-4

Ⅰ.①禅… Ⅱ.①有… ②刘… ③华… Ⅲ.①禅宗 –
宗教文化 – 日本 Ⅳ.① B946.5

中国版本图书馆 CIP 数据核字 (2013) 第 241104 号

禅的对话

作　　者：［日本］有马赖底
策划编辑：柯祥河
责任编辑：任建成
装帧设计：黎花莉
责任印制：杨　程
印刷装订：三河市祥达印刷包装有限公司
读者服务：蔡爱霞
海南出版社　出版发行
地址：海口市金盘开发区建设三横路 2 号
邮编：570216
电话：0898-66830929
E-mail：hnbook@263.net
经销：全国新华书店经销
出版日期：2014 年 2 月第 1 版　　2014 年 2 月第 1 次印刷
开　　本：880mm×1230mm　　1/32
印　　张：9.25　　　彩插：0.125 印张
字　　数：100 千
书　　号：ISBN 978-7-5443-5260-4
定　　价：35.00 元

目　录

推荐序一

　　有马赖底长老是中国佛教协会已故会长赵朴初老居士的挚友，现任日中韩国际佛教交流协会副理事长、日中临济宗黄檗宗友好交流协会会长、临济宗相国寺派管长、京都佛教会理事长，在日本佛教界享有较高威望。

　　长老长期致力中日友好，为两国佛教交流倾注心血，为巩固和发展中、韩、日佛教"黄金纽带"的关系，倾心竭力，功莫大焉。

　　"有马赖底禅文集"收录了《禅茶一味》《云水禅心》《破壁入禅》《活在禅中》《禅僧直往》《禅的对话》六部代表作，以独到的视野旁征博引，勾勒出禅法东渐的轮廓，论述了禅茶文化的发展轨迹；阐述了长老的禅宗艺术理念，诠释了处世哲理。皆希借此度化世人看破放下，舍欲清心，背尘合觉，引导众生把握日常生活中行、住、坐、卧的禅机，以禅家睿智面对人生，迎面今世苦难。

"有马赖底禅文集"六部著作章节简练、深入浅出、幽默诙谐、契理契机、引人入胜、发人深省，娓娓道出禅家箴言妙语，可谓是对治现代人心灵疾病的灵丹妙药。

中国佛教协会会长

二〇一三年七月吉日

推荐序二

　　昔日，灵山盛会，佛祖释迦牟尼手拈香花，默然不语，众皆不解，唯有大弟子摩诃迦叶会意微笑。佛心大悦，遂将"正法眼藏，涅槃妙心，实相无相，微妙法门，不立文字，教外别传"之心法付嘱摩诃迦叶。是乃人类思想史上禅之发端。迦叶尊者因之而被尊奉为禅宗初祖。此后，代代相传至二十八祖菩提达摩，入华弘法，阐扬禅那宗风，秘传佛祖心印，其"直指人心，见性成佛，不立文字，教外别传"之禅风，为当时的中国佛教注入了新鲜的活力，很受时人崇仰，被尊为"东土第一代祖师"。达摩之后，经二祖慧可、三祖僧璨、四祖道信、五祖弘忍、六祖慧能等大力弘扬，终于"一花五叶"，盛开秘苑，成为中国佛教的最大宗门。

　　"一花开五叶，结果自然成"。慧能之后，禅宗分为南岳怀让和青原行思两系，并逐渐衍化出沩仰、临济、曹洞、云门、法眼五家，后又从临济宗石霜楚圆门下分出黄龙慧南和杨岐方会二派，合称"五家七宗"。各派皆以不立文字、直探心源为宗旨，应机接物，大辟机用，呈现了丰富多彩的宗风禅法：沩仰宗禅风细密，师资唱和，语默不露，事理并行；临济家风，全机大用，棒喝齐施，势如山崩，机似电卷；曹洞家风绵密，默照暗推，敲唱为用，理事回互；云门禅风孤危险峻，人难凑泊，简洁明快，超脱意言；法眼宗风，对症施药，垂机顺利，渐服人心，削除情解；黄龙派门庭严峻，人喻如虎，禅不假学，贵在息心；杨岐派神机颖悟，钳锤妙密，浑无圭角，宗风如龙。七宗之中，尤以临济机锋峻烈，单刀切入，变革最烈，影响最大。

公元七世纪，日本法相宗僧侣道昭，入唐从玄奘三藏求学唯识、兼从慧满习禅，归国后于元兴寺首创禅院。奈良时代，天平八年（736）神秀弟子普寂的传人道璿渡日传法，在奈良大安寺设禅院弘扬北宗禅。禅宗得以远播日本。公元十二世纪，荣西禅师曾两度入宋求法，参谒天台山万年寺虚庵怀敞禅师，习禅问道，承袭临济宗黄龙派的法脉，并逐渐发展成日本禅宗的主流。

镰仓时代至室町时代，日本临济禅不断弘扬、发展，先后分立为建长寺派、圆觉寺派、南禅寺派、东福寺派、天龙寺派、相国寺派、建仁寺派、大德寺派、妙心寺派、方广寺派、永源寺派、向岳寺派、佛通寺派、国泰寺派等十四派（亦称十四大本山）。

京都古刹相国寺，作为日本临济禅相国寺派的中心，600余年来，一直是日本最重要的禅宗行政中心。除拥有金阁寺和银阁寺外，还统领百余座大小寺庙，更是许多艺术品的收藏中心，为弘扬临济禅文化作出了巨大的贡献。1992年，在时任中国佛教协会会长赵朴初居士、副会长兼开封大相国寺方丈真禅长老以及日本相国寺住持有马赖底长老等人的倡导和推动下，中日两所相国寺缔结为友好寺院，成为两国佛教界缔结的第一对友好寺院。2009年，有马赖底长老担任会长的"日中临黄友好交流协会"与中国云南大理崇圣寺缔结为"友好关系"，是中日佛教界缔结的第三对友好寺院。

作为相国寺派的现任管长，有马赖底长老积极致力于中日友好，注重发展两国佛教双向交流，在当代中日佛教文化交流史上发挥了极其重要的作用，是中日和平友好的使者。

有马长老不仅是一位富有影响的日本佛教领袖和中日和平使者，还是当代著名的佛教学问僧。弘教、禅修之余，长老数十年如一日，坚持著书立说，开示学人。本人所在的上海玉佛禅寺，曾有缘将长老的《禅林夜话》、《大道说法》两部著作中文版推介给中国读者。本次付梓的六部新作，行文质朴、内涵丰富、亲切自然、幽默风趣，是长老深研禅法的思想精髓，是实际禅修的内心感悟，是劝化世人的指路明灯，是净化社会的嘉言懿语，读来有如醍醐灌顶，引人入胜，发人深省，肺腑清凉。

相信有马长老新作的出版发行，对于丰富当代禅学思想，启迪禅学的生活实践，推动现代禅学的与时俱进，必将产生极其深远的影响。热切期待有马长老，老当益壮、笔耕不辍，透过文字般若，奉献无上智慧，以启迪昏蒙、利益群生，为正法久住、续佛慧命而不遗余力、放光无尽。

是以为序！

觉醒

中国佛教协会副会长、

上海市佛教协会会长、上海玉佛禅寺住持

2013年8月8日

中文版序

佛法东渐，源远流长。中国禅东流扶桑，历经镰仓、南北朝和室町时代，蓬勃发展，蔚为壮观；临济宗、曹洞宗、黄檗宗繁衍不绝，传承至今。

一花开五叶，香花结胜缘，拙作《禅僧的生涯》、《大道说法》、《禅林夜话》曾先后在日本禅的故乡中国得以付梓刊行。承蒙中国海南出版社精心策划编辑，拙僧近年新作《禅茶一味》、《云水禅心》、《破壁入禅》、《活在禅中》、《禅僧直往》、《禅的对话》，即将汇集为"有马赖底禅文集"，与中国广大有缘读者见面了。

昭和五十四年（1979）五月二十八日，日中友好临济黄檗协会诞生了，我在该会的第一次理事会上被选为常务理事。昭和五十七年，升任该会事务局长。从此，我义不容辞地走在了跨越国界的临济黄檗宗门友好交流活动的最前列。

日中友好临济黄檗协会成立以来，先后组织派遣了十余次友好代表团访问中国，通过开展各种形式的友好交流活动，不断地增进了与中国佛教界的友好交流往来。

2016年，我们日中临济门徒即将迎来宗祖临济义玄禅师圆寂一千一百五十周年。日中友好临济黄檗协会下属十五派计划分别组织派遣代表团前往中国，朝礼祖庭，寻根祭祖。同时，日中友好临济黄檗协会还计划与中国佛教协会联合举行各种形式的友好交流纪念活动。

1977年以来，我本人曾经八十四次访问中国，参拜祖庭、巡礼朝圣、讲演交流，在中国广袤的大地上留下了无数拜祖报恩、弘法利生的足迹。

法法东流，从镰仓时代至现代长达七个世纪的漫长历史岁月中，禅宗的兴隆和普及，不仅形成了日本佛教发展史上的一大壮观，还触发了太古以来传入、堆积、沉淀于日本列岛深层的中国文明的基因，造就了绚丽多彩而独具日本民族特色的禅文化。

以参差、简素、枯淡、脱俗、自然、清寂、幽玄等为思想和艺术风格特征，由诗文、书画、能乐、和歌、连歌、俳谐、茶道、花道、香道、园艺、饮食等构成的禅文化，发展繁荣至今，焕发着隽永的生命力，受到东西方世界的注目。

放眼全球，科学技术的发展日新月异，迅猛异常。伴随着国际化不可阻挡的历史潮流，东西方文明的矛盾冲突日益激化，各种意识形态乃至各种不同宗教之间的相互较量和挑战愈演愈烈。当今世界正处于一个急剧动荡、变化无常的历史时期。

面对变化纷纭的当今世界，以及自身生活着的周围环境，不少人迷惘彷徨、无所适从、举步维艰。归根结底，我认为关键的问题在于行动。如果我们毫无作为，我们的生活环境就不会发生任何变化。禅门有"冷暖自知"一句名言，倡导世人自己动手，亲身体验。我认为，即使我们所付出的努力暂时并没有使周围环境有所改变，但是通过具体实践所获得的感性知识一定会使我们自身有所变化。这就是禅之所以被称为体验型宗教的缘由之所在。

我八岁那一年，由于父母离异而导致家庭崩溃。我由生长在东京闹市名门望族的纨绔子弟，倏尔变成了乡村禅寺的小和尚，开始了漫长而艰辛的修行生活。光阴荏苒，我已经在弘法利生的人生旅途中走过了七十多个春秋。

往事并不如烟，回首自己的禅僧生涯，我所经历过的人生顺境或逆境历历在目。我的人生历程中，逆境远远多于顺境。所谓逆境究竟在人生中扮演着什么角色呢？我认为，逆境可以使我们更加深入地接触人生和更加深刻地认识人生。

在七十余年的禅僧生涯中，我从各种各样的逆境中所得甚多。即使在极为平凡的日常生活中所经历的逆境，也堪称难得宝贵。因为越是平凡的环境，就越能够使我们觉悟到逆境的存在价值和意义。换而言之，风平浪静的安逸生活往往难以使我们有所觉悟、有所收获。

逆境的反面就是顺境。所谓顺境，往往给我们以一种向上或向前的感性认识。换而言之，如果不是身处逆境，即使平平凡凡的日常生活也可以使我们产生置身于顺境的感觉。

然而，所谓顺境并非永远一帆风顺，顺境之中往往不断地滋生着逆境的萌芽。顺境往往建立于他人的逆境之上。换而言之，逆境与顺境并非毫不相干之物，而是一对不可分割的孪生兄弟。在我们短暂而漫长的人生中，由于时间、地点、环境乃至人际关系的变化，顺境和逆境这一对孪生兄弟不断地变换角色而展现于人生舞台。所以，由于些许的契机，顺境则将转变为逆境，而逆境则将转变为顺境。

如果明白了这一道理，我们则将在日常生活中切身地感觉到，左右为难而不知所措的逆境不足为怪，终将在不知不觉中消失殆尽；郁闷不快的心情终将得到化解，而迎来轻松爽快的自我；烦恼厌恶之事瞬间将转化为愉快欢欣之事。只要我们善于不断地转换和疏导，就能够保持生命之树常青。放弃我执，转换开创，将给我们短暂而宝贵的人生带来无限成功的喜悦。

如果明白了这一道理，我们就将不急不躁，不断地卸掉压在双肩上的一个个沉重的包袱。如果舍弃了一个个"身外之物"，则意味着向着重返自我本来面目而迈出了坚实的一步。

　　何为禅？这是禅僧经常遇到的一个永恒的"难题"。所谓禅，其实答案极为单纯明快。我们生存着的世间唯一真实不变之物，平等地赋予所有世人的真实不变之物究竟何在？

　　答案只有一个，那就是有生必有死。不论何人，都是赤裸裸而生，赤裸裸而亡。换而言之，从一无所有之处诞生，又回归一无所有之处。禅的根本宗旨"本来无一物"淋漓尽致地表达了这一哲理。

　　如果我们真正地觉悟到了这一哲理，我们将无所畏惧，堂堂正正，信步前行。衷心地期望老衲这套拙作能够成为有缘之人开启禅的智慧之门的敲门砖。

　　禅僧的社会使命在于庄严国土，利乐有情。一个美丽的国家，源于每一个国民纯洁而高尚的心灵。只要我们每一个人自身不断地努力，日积月累，就一定能够收获丰硕而甘美的果实，就一定能够创建一个美好而和谐的世界。

有马赖底

临济宗相国寺派管长

末木文美士

1949年生于山梨县。东京大学文学系印度哲学专业毕业。1995年起任东京大学研究生院人文社会研究科教授。2009年4月起任国际日本文化研究中心佛教学、日本宗教史专业教授。

早年，曾经在京都市郊的高山寺练习"写经"，一直憧憬古都优雅寂静的研究环境，所以脱离烦躁的世俗都市东京，来到了古都郊区的国际日本文化研究中心。

禅之心与禅文化

——绿色的魔术

只有经过千锤百炼，方能大彻大悟。禅师的拳打脚踢并不可惧，真正令人难堪不已的是发自内心深处的隐痛；真正令人难以抵挡招架的是存在于内心深处的孤寂之感，那种形单影只的孤独。虽然被禅师敲打得惨不忍睹之状确实令人恐惧，但是师徒之间的坚实而牢不可破的信赖关系唯有师徒本人知晓，他人绝不可擅入这一"领地"寸步。

何为禅？答案就在这种不可言喻的师徒关系之中。

禅师与弟子

森下大拙和尚和大津枥堂老师

森下和尚锤炼了我的顽强意志，大津老师培养了我的领导才能。

末木文美士：今天能够有机会直接聆听您的教诲，我感到十分荣幸。

有马赖底：哪里，哪里，您太客气了！以前，曾经请您为我们相国寺开过连续讲座。我本人也一直想找一个合适的机会，详细地向您请教一些问题。

末木文美士：日前，我曾经拜读了您与冷泉贵美子女士的对谈。由于时间的关系，今天本来打算省略关于您的生平部分。但是，我认为了解您在九州大分县日田市的岳林寺修行时代的生活，对于进一步理解您的"禅"来说是不可忽略的，所以想请您先谈一谈在日田市岳林寺时的修行生活，好吗？

有马赖底：好！那年我刚八岁。由于父母的离异，好端端的一个家庭四分五裂、支离破碎。说到底，父母是为了甩"包袱"，把我寄放到了九州有马家族的菩提寺院梅林寺。

末木文美士：梅林寺是在久留米吧？

有马赖底：对！当时梅林寺的定员超编。正好曾在梅林寺修行过的森下大拙和尚，也就是我的启蒙禅师，由于在梅林寺修行期满，入住日田的岳林寺住持，所以我就被转送到了日田。

末木文美士：听说森下和尚特别严厉，用现在流行的词语来讲，动辄就"施行暴力"？

有马赖底：对，可以说拳打脚踢是家常便饭。但是对于我来说，比起师父施加于自己皮肉之上的痛苦，更加不堪忍受的是独自一人的那种寂寞之感。从这个意义上来讲，森下和尚是一位极为温和的禅师。

末木文美士：当时，您那么小就明白了这些事情？

有马赖底：已经知道了，可能这就是所谓的"童心"吧？当时，我心里能够隐隐约约地感觉到：这个人是想把我培养成为一个有用之人。但是，不管怎么说，我还是一个孩子，当年曾经从岳林寺逃出来好几次（笑）。

末木文美士：就是呀！这种修行生活对于一个孩子来说，未免过于严厉了。更何况您当时还是来自东京的公子哥，加之父母及兄弟又都各奔东西，内心一定特别孤独寂寞吧？

有马赖底：当时，虽说是"逃跑"，可是我根本无处可以投奔，无地可以落脚。岳林寺地处市郊，周围都是农田。如果一个剃光了头的小和尚在农田里窜来窜去的，马上就会被发现。

有一次，我从岳林寺里逃出来以后，藏到了离寺庙五分钟左右路程的当地农业协会的仓库里。因为仓库的玻璃碎了一块，我体格瘦小，就从窗户钻了进去，在粮垛里睡了一晚上，早上醒来浑身上下沾满了米糠（笑）。

末木文美士：那次也被抓了回去吧？

有马赖底：对，距离岳林寺那么近，马上就被发现，抓了回去。

末木文美士：回到庙里后，您师父又是一顿拳打脚踢吧？

有马赖底：没有。我师父开口的第一句话就是："快吃吧！"因为我早就饿得肌肠辘辘。听到师父这句话，我端起饭碗就往嘴里塞起饭来。这一次，师父没有训斥我一句。第二天开始，我又恢复了往常的小和尚生活。

末木文美士：听了您的介绍，我觉得森下禅师是一位出色的教育家呀！我想，当时因为夫人的出走等个人私事，禅师本人的心中也是十分孤独寂寞吧？我过去曾拜读过您的有关大作，您曾经提到过大森禅师的私生活问题。

有马赖底：我师父森下老师结过婚，夫人长得非常漂亮，又是城里人。她可能婚后一直没有习惯农村生活，经常只身一人离开寺庙回娘家；最初三两天就回来，后来延长到了一个星期。我师父每次都要去火车站接她，可是往往迎来只是徐徐地开进站台，然后又缓缓地驶向远方的列车。最后，他的夫人终于一去不归了。

末木文美士：您曾经在您的大作中提到，大森禅师夫人的性格与您的母亲较为相似。

有马赖底：那是我的直感。虽然具体的说不出来，但我总觉得有些地方很相似。

末木文美士：可能是人生的处境比较相似的缘故吧？被自己的母亲遗弃了的有马赖底和被自己的夫人抛弃了的森下禅师。

有马赖底：您分析得可能不无道理……

转眼我来到岳林寺已经过了七个年头。大概是由于我师父森下老师的夫人离去这一直接原因。有一天，师父突然对我们宣布："我要去重新修行修行！"临别的那一天，师父把我们徒弟三人叫到了一起。我们中有一个稍微有些智障，还有一个因为遭受战争灾难而沦为孤儿，加上无家可归的我。师父让我们三人列成一排，语气沉缓地对我们说："师父打算去重新参学四方，就要和你们哥仨分别了。这些年来，师父对你们哥仨儿的管教可能过于严格了，但是师父是打心眼儿里希望你们都能够成为有用之才。师父做过头的地方就请你们多担待了！"

说过这番话，师父便向我们三个徒弟分别赠送了纪念品。师父一边对我说"你心地善良、和蔼温顺……"一边把一本名为《绿色的魔术》的植物入门书递到了我的手里。

末木文美士：分别以后，您又见到过森下禅师吗？

有马赖底：再也没有见到过。我师父森下老师后来在四国的宇和岛当上了住持。圆寂时，我接到讣告后就马上赶了过去，参加了丧葬法会。

末木文美士：这么说来，大森禅师是您八岁到十五岁期间的启蒙之师呀！

有马赖底：对！虽然只有短短的七年，但对我来说，那是一个多情善感的成长时期。

末木文美士：我个人认为，您有幸在这一世界观成形的重要时期，遇到了一位启蒙良师。

《绿色的魔术》绝版书籍。J. C.肯利著、内山贤次译（1944年，北隆馆出版）。

有马赖底：完全可以这样讲！如果没有森下大拙和尚，就不可能有我的今天。

末木文美士：那么，您的下一位师父就是大津栃堂老师吧？听说您进入相国寺僧堂不久就被大津栃堂老师相中，开始作为他的接班人来教育和培养了。

有马赖底：对。那是我进入僧堂修行以后第四个年头的事情。大津栃堂老师的本寺是相国寺寺内的"塔头"寺院——大光明寺。有一天，大津栃堂老师一开口就吩咐我："你尽快把僧籍转到大光明寺来！"这也就是说让我履行变更师父的手续，同时意味着我将要从岳林寺石井丰洲禅师的徒弟，转为大光明寺大津栃堂老师的入门弟子。对于修行云水僧来说，僧堂老师的指示只能无条件地绝对服从。

末木文美士：这个转变最初对您压力不小吧？因为大光明寺的接班人就意味着将来相国寺的掌门人。

有马赖底：过了很长时间以后，我才从京都大学的教育学者片冈仁志先生那里听说了这件事的来龙去脉。片冈仁志先生表情严肃地对我说："栃堂老师打算选你做他的接班人，所以我应邀参加了'小田原评定'（原意为战国时代诸侯后北条氏手下的重臣协商军机要事的例会。一般转意形容'难以得出结论的协商或会议'——译注）啊！"

末木文美士：那就是说，大津栃堂老师曾经和有关人士进行了周密的磋商。

有马赖底： 对！我得知了其中的细节以后，不禁暗下决心："今后绝不能优柔寡断，要勇往直前，刻苦修行。"师从大津栃堂老师以后，我花费了大约八年时间，把修行僧的必修课全部学完了。从此，开始了漫长而艰巨的"自我"修行，经历了刚才我提到的"寂寞孤独"和数不尽的艰难困苦。

末木文美士： 为什么这样讲呢？

有马赖底： 对于我们修行僧来说，拳打脚踢所带来的只是皮肉之苦，随着时间的流逝，皮肉之苦终将消失而得到解脱。但是，精神上的痛苦往往是无可奈何的，正所谓"才下眉头，又上心头"。

末木文美士： 我多少能够理解您这番深刻的感触。因为您过早地就被指定为"接班人"，所以命运给您带来的压力一定不轻吧？您是不是曾经想到过：不去当什么"上层领导"了，干脆还是做一介云水僧去吧！

有马赖底： 您说的这也是一条人生之路，但是我从来没有产生过这种念头，就是豁出去这条命，我也绝不退缩，一定要勇往直前！

末木文美士： 那么也就是说，你当时就已经觉悟到了自身所肩负的历史使命吧？

最初，您在森下大拙和尚门下经历了千锤百炼，然后又由大津栃堂老师指点出了一条通往"领导阶层"之路。我觉得您真是遇到了两位杰出的名师呀！我想这是不是由于您是出自武士名门之家的缘故呢？

有马赖底：我认为不能否定这个因素。当年，我接到父亲和母亲故去的噩耗以后都没有流过一滴眼泪。我师父森下和尚的圆寂未免过于突然，当时我站在灵柩旁边，与其说是哭泣，不如说是感到一片茫然。我不禁万分悲伤地感慨道："啊！师父原来您一直在这里驻锡呀！"栃堂老师圆寂之际，我的泪水无论如何再也止不住了。

末木文美士：禅门中的师徒关系往往比父子之情还要深厚呀！谢谢您给我们讲述了这段感人肺腑的往事。

有马赖底（右起第一人）与大津栃堂老师合影。

禅的修行——"公案禅"与"看话禅"

师父与徒弟之间仿佛流淌着一股电流。

末木文美士：下面，想请您简单地介绍一下所谓"禅修"。说老实话，我个人也曾经有过一个阶段坐禅的体验。

有马赖底：是吗？您是在哪里体验坐禅呢？

末木文美士：在我的老家山梨县，我们家祖上是"时宗"（镰仓中期的净土宗僧侣一遍开创的宗派，为净土宗门流派之一——译注）的"檀家"。

有马赖底：是不是一莲寺？

末木文美士：对，一莲寺的规模很大，仅次于藤泽的时宗本山游行寺，现在已经独立了。过去，"游行上人"（行脚各地、念佛布教的时宗僧侣——译注）一生必须要去一莲寺参拜一次。

有马赖底：但是您没有皈依祖上信仰的时宗，而转向了禅门。

末木文美士：我上大学的时候，经常去"东京八王子"的广园寺参禅，广园寺属于临济宗南禅寺派。

有马赖底：哦，去亲近丹羽老师了？

师父与徒弟之间仿佛流淌着一股电流。

——有马赖底

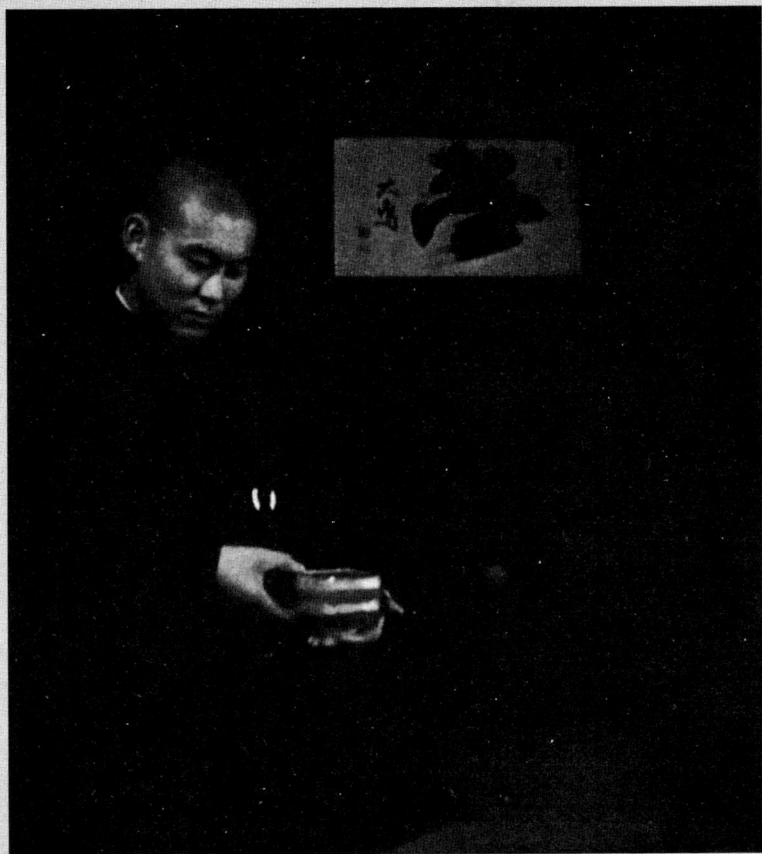

有马赖底,约二十二三岁,在茶会上见习点茶。图中"茶挂"为大津栃堂老师手书。

参透了公案以后,你所看到的一切都会截然不同,眼前将豁然地明亮起来。

——有马赖底

末木文美士：对，拜丹羽慈祥老师为师，参禅问道。但是我生性懒惰，"接心"的第三天就跑了出来（笑）。不管怎么说，可能禅最为适合我的秉性，上大学期间一直断断续续地参加了坐禅会。另外，还亲近过原来常住广园寺，现在担任向岳寺管长的宫本大峰老师。

有马赖底：哦，宫本老师呀！

末木文美士：对，多年来一直承蒙宫本老师在各方面指导教诲。

有马赖底：那太好了！

末木文美士：一般的门外汉都认为，禅宗寺院的修行生活十分严格，请您简要地介绍一下好吗？

有马赖底：入门最初要过"庭诘"一关，前后共三天，然后是"旦过诘"，即要在"旦过寮"过上四天，合在一起整整一周。经过长达一周的磨炼后才许可"参堂"，即进入禅堂，开始正式的修行生活。

末木文美士：听说"庭诘"十分难熬。

有马赖底："庭诘"那三天的确非常辛苦。参堂，就是被允许进入禅堂内，加入"云水僧"的行列。当年，我穿上袈裟后便被带到了大津栃堂老师的面前。栃堂老师就像一块巨大的岩石矗立在我的面前，压得我喘不过一丝气来。

现在回想起来，我当时是被栃堂老师浑身所散发出来的深邃洞察力和雄浑的魄力压倒了。不过，当时我就暗下决心："选择了这位师父可太好了！在他的指导下，无事不成，无论任何艰难困苦我都一定能挺过去。"

禅门的这种师徒关系就仿佛一股电流，一触即通。

末木文美士：那么入门以后，就要接受师父交付的"公案"了吧？

有马赖底：对！我们相国寺属于临济宗，所以首先要参解临济派①中兴之祖白隐慧鹤②的"只手音声"和《无门关》③中的"赵州无字"。"只手音声"马上就通过了，但是"赵州无字"却整整花费了两年多的时间。

每次，我都是自以为已经参透了，然后去向栃堂老师

---

① **临济派（临济宗）** 中国禅宗五家七宗之一。以印度僧菩提达摩为初祖，以唐代的临济义玄禅师为开祖。临济派独以破解"公案"（即所谓记录古德言行的"话头"）为修行手段和目标。世称依"公案"禅修得悟为"看话禅"。日本的"看话禅"由江户时代的名僧白隐慧鹤大成。

② **白隐慧鹤（1685—1768）** 江户时代临济宗妙心寺派禅僧。依照"只手音声"，即用心耳倾听"并非使用双手，而是使用一只手发出的声音"这一公案接机教化门下弟子。托钵化缘途中，白隐禅师本人在一位老妇人的竹帚敲打下，大彻大悟。白隐禅师能书善画，出自其手下的祖师像，乃至七福神像、市井百姓等妙笔成真，对于活跃于京都画坛的池大雅等人影响极大。

③ **《无门关》** 中国宋代禅僧无门慧开编撰的公案集。其中列举的第一则公案为"赵州狗子"，问题虽为"狗是否佛性？"但是或"有"或"无"，都不称其为"正解"，超越了"有无"的概念就是"无"。所以"赵州狗子"又称"赵州无字"。《无门关》问世后，依照"看话禅"修行，使禅宗获得了前所未有的发展。活跃于镰仓初期的法灯国师（心地房无本觉心）将《无门关》传入日本。"时宗"的名僧一遍曾参法灯国师。

汇报，可是每次都获得不了老师的首肯。枥堂老师的手边放着一个小铃，铃声一响就意味着遭到了否决，必须立即退出丈室。此后，在规定的时间进入丈室后，只是面向枥堂老师一番顶礼，然后又无言可答地走出来。几天以后，依旧是如此循环往复。枥堂老师手里的残酷无情而令人无可奈何的铃声总是在我的耳边鸣响。这种修行生活一直持续了两年左右。

但是，两年后的某一天，我忽然感觉全身变成了一个空壳子，仿佛被彻底地洗涤了一般，浑身上下被剥得一干二净，什么都不复存在了。"啊，就是这个感觉！"有了这感觉以后，一切都迎刃而解了。

这就是所谓"看话禅"，"看话禅"就是以剥离一切、夺走一切为目的的"公案"。所以，我每次在枥堂老师面前强词夺理时，换来的总是不予首肯的铃声，整整两年后才总算通过了。

末木文美士：我也好歹才通过了"无字"公案，当时虽然不是一遍的"舞念佛"（平安时代中期的天台宗僧侣，民间净土教的先驱者空也倡导的念佛方式，即一边敲打钲鼓，一边扭动四肢高声念佛。其后，由时宗开祖一遍在民间更加普及开来——译注），但整个身体不由自主地舞动起来了。

有马赖底：对！就是那种感觉，眼前的一切都变了样子。参透了公案以后，眼前就会豁然地明亮起来。

末木文美士：您现在介绍的是临济宗的禅修方法，那么，临济宗的修行方法与曹洞宗倡导的"只管打坐"①究竟有什么不同呢？

有马赖底：曹洞宗的"只管打坐"方法比较复杂难修，但并不是说临济禅简单易修。因为参解"公案"的话，一百个人可能有一百种答案，只要拿出答案就可以了；如果答错了，挨一顿拳打脚踢回来就是了（笑）。

但是，所谓"只管打坐"，究竟要坐到什么时候却没有一个明显的界线。自己目前行进到了什么地方，换句话说往往连自己所在的位置也搞不清楚。我自己对曹洞宗很感兴趣，但是并没有过多深入地了解。我和曹洞宗大本山永平寺的监院南泽道人老师私交倒是很深。

我说一句离题儿的话，您知道立松和平这位作家吧？最近故去了，我和他也很熟。

末木文美士：我听说过那位立松和平先生，他好像写了不少宗教题材的作品。

有马赖底：生前，他为了创作有关曹洞宗开祖道元禅

---

① **"只管打坐"** "默照禅"是与"看话禅"相对的另一种参禅修行方法，提倡"一味坐禅"，脱离自我而入佛法智慧之海。日本曹洞宗开祖道元提倡"只管打坐"，积极实践并弘扬"默照禅"。所谓"只管打坐"就是主张应该将坐禅视为开悟的工具。

师①的小说，曾经来找我商谈过。我对他说："道元禅师这个历史人物可不太好写，著名作家大佛次郎也曾有过这一打算，但中途放弃了。"但是立松和平先生无论如何也要坚持自己的想法，于是我就向他建议："如果这样的话，您最好先仔细地研究一下《临济录》再动笔，您不能只看道元的《正法眼藏》。"他为人很实在，果然听从了我的建议，最终完成了三卷大作《道元禅师》。

末木文美士：原来是这样啊。

有马赖底：立松先生特别用功，还创作了歌舞伎剧本《道元之月》。在他的影响下，我也对道元禅师有了不少了解。阅读他创作的《道元禅师》之后，我不禁更加感到立松先生确实是下了不少工夫。

末木文美士：立松和平先生走得太早了，真令人遗憾！

有马赖底：但是，他毕竟实现了自己的夙愿。我一直

---

① **道元（1200—1253）** 镰仓时代名僧，日本曹洞宗开祖。其父为源通亲（1149—1202，平安末期至镰仓初期的公卿，七朝元老——译者注），其母为藤原基房（1144—1231，平安末期至镰仓初期的公卿——译者注）之女。道元出生于宇治的木幡地区，幼年父母双亡后出家为僧。后登日本天台宗比睿山，为"本来本本性，天然自性身"一语而心动，苦恼于"既然人人生来具有佛性，就没有修行的必要了"这一疑难，遂决心入宋修习禅法。道元首先赴入宋僧荣西开创的京都建仁寺，入荣西的弟子明全门下习禅，后跨海入宋。在宋期间得"身心脱落"一语，进而觉悟到：如果将自身修持为"透明体"，就自然可以从中映照出世间的森罗万象。

认为道元禅师是一个非凡的天才，特别是仔细地阅读了他撰写的《正法眼藏随闻记》之后，我的这个感觉愈发加深了。

末木文美士：我和您同感。道元禅师纯朴专一，面相虽然十分严厉可畏，但是极其富有人格魅力。

坐禅与呼吸——深呼吸

如果将呼吸集中于一点，自然会心旷神怡而入"无"的世界。

末木文美士："只管打坐"为曹洞宗的宗旨，那么我们到底为何而坐呢？此外，由于"坐"这一动作存在于日

我让小学生开始"调整呼吸"后，一瞬间整个教室就充满寂静的气氛，孩子们的面孔马上都变了样子。
——末木文美士

常生活的动作之中，所以曹洞禅的"只管打坐"比较难于理解。

我从东京大学退休以后来到京都，现在在国际日本文化研究中心工作。最近，我受研究中心的派遣，前往附近的桂坂小学支教授课。

有马赖底：这可是一件好事。大学老师去给小学生上课，对老师学生都是一件好事儿。

末木文美士：我也认为这是一个有益的尝试，不过对于我来说，却并不是一件轻松的工作（笑）。现在，我在教孩子们"坐"的方法。

有马赖底：噢，教"坐"啊。

末木文美士：当然距离"坐禅"的要求还差很远，只

"呼吸"是我们人类生存于世间的最基本的日常动作。
——有马赖底

是教孩子们掌握自然放松而坐，练习调整呼吸。虽说是小学生，但是孩子们的掌握程度却相当令人满意。

有马赖底：那可真不错！

末木文美士：带领孩子们具体练习之前，我先告诉他们一个小小的诀窍："如果你想在考试中取得好成绩的话，考试开始之前就一定不要慌张，也不要匆匆忙忙地去看课本，要沉着冷静、端正姿势、平心静坐，这样就一定会考出好成绩。"

有马赖底：对，您说得很有道理！

末木文美士：孩子们听了之后，都非常认真地练了起来（笑）。可能大家都多少尝到了甜头，所以学生们的反映都非常好。

有马赖底：您介绍的这个方法非常好。即使不是小学生，任何人只要安心静坐，调整呼吸的话，都会对改善身体状态起到良好的效果，可见"呼吸"十分重要。您最近没有做过"深呼吸"吧？

末木文美士：没有，小学毕业后就不做广播体操了，也就没有机会做"深呼吸"了（笑）。

有马赖底：所谓"深呼吸"就是深深地吸气，然后再慢慢地把气吐出来，这个动作过程对我们的身体非常重要。

我在指导一般初学者练习坐禅之前，一定要向他们反复说明人怎么样喘气才能生存。人只有依靠"呼吸"才能够生存下去，所以"呼吸"是我们人类生存于世间的最基本的日常动作。当然，这个简单的道理没有人不晓得，但是正是由于人人知晓，理所当然，所以我们往往忽略了这个问题，谁也不会有意识地去呼吸。为了改善这种状况，我经常强调练习"深呼吸"，这是练习有意识地"呼吸"的一个好方法。

首先，慢慢地大口吸气，然后再缓缓地把吸进来的气吐出去。通过这么一个简简单单的动作就可以达到心旷神怡的目的。如果将意识完全集中于"呼吸"，就可以忘掉其他的一切。"深呼吸"的这个作用真是令人不可思议，人们都知道"深呼吸"这个动作，但是却往往不晓得它的功效。

过去，我接触过一位老年妇女，我们一聊起来"坐禅"，她就脱口而出地说："我老了，腿脚疼，所以不能坐禅了。"我对她说："那'深呼吸'怎么样？'深呼吸'总该没问题吧？"她听了我这句话以后，脸色依然如旧，一副不以为然的样子。我继续对她说："您现在正在'喘气'吧？喘气就是'呼吸'，您慢慢地、用心地'呼吸'就是'深呼吸'"。她听了我的介绍以后，自言自语地说："您说得倒也有道理，我是在喘气……"然后她一边笑一边说："照您这么一说，可能我也会'深呼吸'呢。"

利用"深呼吸"，可以将地球上的氧气大量地吸入到身体内部，从而获得生命的源泉。练习"深呼吸"时要循序渐进，一点一点地增加强度，而后如同绢丝一般细细地、轻轻地把气吐出来，不知不觉之间精神就会振奋起来。腿脚不太方便的人不妨坐在椅子上练习。

末木文美士：听了您的这一番介绍，我好像觉得"坐禅"也不是什么难事了。这样看来，做广播体操时，吸气的同时扩展身体，吐气的时候收缩身体，这种动作形式十分符合科学道理呀！

有马赖底：对！"深呼吸"可以说是"坐禅"的秘诀。只要将精神集中于呼吸这一点，就根本没有必要强调所谓"无"，身心自然就会空空荡荡，从而进入"无"的境界。这虽然是入门的第一步，但这就是所谓"坐禅"的根本。

末木文美士：我让小学生开始"调整呼吸"后，一瞬间整个教室就充满寂静的气氛，孩子们的面孔马上都变了样子……

脑死——送葬

将"脑死"视为人的"死亡"，真是岂有此理！

末木文美士：以上，匆匆忙忙地请老师谈了谈您的人生，以及修行生活的宝贵体验。

有马赖底：那么，慢慢来吧！不用着急。

末木文美士：不能过多地占用您的宝贵时间啊。

有马赖底：哪里，哪里，我最近倒是很清闲。

末木文美士：那么，我们下面来谈一谈"禅与现代社会"这个话题吧。

有马赖底：好啊！请您随意地问吧。

末木文美士：最近，社会上关于"脑死"的问题，以及与此相关的"脏器移植"①等问题的议论很多，不知您对这个问题是怎样看的呢？

有马赖底：首先，我们必须搞清楚所谓"脑死"并不意味着人的"死亡"。

末木文美士：对！我也是这样认为。

有马赖底：最近"脑死"这个词汇在医疗现场和社会上十分流行。我们知道，虽然人的大脑"死亡"了，但是其肉体还在生存着，人还在呼吸。将"脑死"判定为人的"死亡"，这是违反常规道理的，岂有此理？

---

① **脏器移植** 1997年，日本的"内脏器官移植法"颁布。该法规定：如果死亡者本人生前用文章形式，表达过自己具有提供内脏器官的意愿，并取得本人家属同意，则可以将"大脑死亡"作为判定死亡的依据。2009年，该"内脏器官移植法"经过重新改订。改订后的该法规定：不论死亡者生前意愿如何，只要取得本人家属同意，就可以将"大脑死亡"作为判定死亡的依据，而可以向他人提供死者的内脏器官。

我认为，对"脑死"持肯定态度的那部分人还没有了解所谓"死"是怎么一回事。我们在议论"脑死"这个问题之前，有必要搞清楚"死"的概念问题。

末木文美士：我认为，最初基督教较为重视所谓"临终"或"死"这一问题，净土教的思维方式与基督教比较接近。例如，作为"临终医疗"，净土宗提倡开办所谓"寂灭道场"，即现代的"临终关爱医院"，开展减缓末期患者痛苦，给予关爱的援助活动。当然，这种富有社会意义的做法值得肯定，但是没有相关的积极进展。

关于"脏器移植"，有一部分佛教界人士认为，由于自身的死亡而拯救了他人的生命的行为，属于"菩萨行"，或"利他行"。例如，依靠"脏器移植"这一先进的医疗技术手段，可以使一个人的死亡换来五六个生命的延续。我个人认为，对于这种观点不能一概加以否定。

有马赖底：我也认为"脏器移植"这一医疗技术手段本身不能否定。

末木文美士：是吗？

人的死亡是一件十分庄重严肃的事情，应该隆重地将死者送往黄泉。丧葬仪式可以说是人生最为重要的祭奠仪式。

——有马赖底

有马赖底： 但是，"脏器"并不是"物品"。贫困落后国家的贫困者向富裕国家的富人贩卖脏器，这是一个极为现实的社会问题。我认为这是一桩十分悲哀的交易。脏器不是"物品"，不是用来买卖的"商品"。

末木文美士： 只是……

有马赖底： 有些人认为由于一个人的死亡，而使五六个人的生命得以延续，这是一件值得提倡的好事。但是，我却认为这是一件令人无比悲哀和痛苦之事。

末木文美士： 我能体会到您的心情。但是我认为，我们不能完全否定"如果有了这个脏器就可以生存"这一迫切的愿望。对于我来说，不能做到像您那样断言："脏器移植绝对不行！"

有马赖底： 您说得有道理。不论是学者还是医生都不会持绝对否定的态度，但是也不会赞成这是一件"好事"吧？我觉得不少人被所谓"有了脏器移植这一先进的医疗技术手段，就能够保证延续生存"这一舆论潮流所裹胁，而作出了"只要能救人命"的无奈选择。这是不足为取的错误判断和错误选择，这是一个必须加以纠正的大错误。如果不深刻地认识人类的"死亡"这一问题，这个问题就不可能得到根本的解决。

过去，由于医疗条件的局限，儿童的发病死亡率非常高。每当流行病泛滥，一家的两三个兄弟往往一同被病魔夺去生命。当时的人们即使想拯救弱小的生命也束手无策，所以，常说孩子是"自生自灭之物"。

我们如果比较一下丧葬仪式形式的变迁，就可以明了过去人们对待"死亡"的姿态。举行丧葬仪式之际，死者家属和亲朋好友往往聚在一处，鸡鸭鱼肉，大吃大喝，好像"过年过节"一样。吃喝过后，开始出殡送葬。出殡送葬的行列也是欢欢喜喜、热热闹闹，扬幡列队，装饰棺椁，敲锣打鼓，前往墓地。

过去都是土葬，坟墓分为埋葬尸体的墓冢和祭祀礼拜的墓冢。下葬后返回乡里后，又把祭祀礼拜的墓冢装饰得富丽堂皇。直到最近，在京都左京区的最北边，以及近江的朽木和若狭的多田庄一带，还可以看到这样的出殡送葬情景。

这也就是说，人的死亡是一件十分庄重严肃的事情，应该隆重地将死者送往黄泉。丧葬仪式可以说是人生最为重要的祭奠仪式。

以前，我曾经和身兼僧侣和医生的对本宗训（京都大学文学系哲学专业毕业后出家，38岁任临济宗佛通寺派管长。其后考入帝京大学医学系，同时辞去管长一职。现为临济宗"师家"，即具有指导修行僧的禅堂老师，内科医生——译注）在一起座谈讨论过这一问题。

末木文美士：您和他的座谈讨论内容汇集成了《禅的

反击》这本书吧？

有马赖底：对。在座谈讨论中，我提到了刚才涉及的"孩子是自生自灭之物，死了，还可以再生"这一话题，同时还谈到了人的"寿命"问题。被病魔夺走了亲生子女，陷于无比悲痛之中的父母经常用"这就是命啊，没办法呀！"这句话来宽慰自己。如果不这样想的话，就难免陷于过度悲伤之中，难以自拔。

末木文美士：如果说上了年纪的人"尽享天年"，这很容易接受，但是对于幼儿，年轻人也使用"寿命"一词，来宽慰自己和他人的悲伤心情，这对于我们现代人来说，恐怕是一件很难做到的事情。随着医疗技术的进步，人们的头脑中自然而然地产生"想方设法来挽救生命"这种想法也是无可非议的吧？

有马赖底：我们不能笼统地用"寿命"这两个字来认识和概括人的死亡现象，因为有三岁的寿命，也有一百零五岁的寿命。

死刑——佛教的字典里没有"复仇"二字。
绝不能容忍死刑这种司法制度，人不可以互相杀戮。

末木文美士：本来，我还打算和您继续理论几句，但是被您的"岂有此理！"这一喝给镇住了。

有马赖底：哪里，哪里。人的生死可是一个大问题呀！我的先师大津栃堂老师圆寂之前，经常把"我差不多就要走了"这句话挂在嘴边。每逢客人来访告辞之际，老师总是微笑着对来客说："我差不多就要走了，今天能见到你，真高兴！"我们一般人绝对没有这个勇气。

栃堂老师于昭和五十一年（1976）五月十八日圆寂，世寿八十岁。圆寂前的一个多月开始，栃堂老师开始反复地念叨着"我差不多就要走了！"直到老师迁化以后我才意识到，当时栃堂老师的确已经知道自己行将入寂了。老师入寂前的最后一句话和往常一样："噢，谢了！"

我刚才提到，虽然我失去了至爱的双亲都没有落下一滴眼泪，但是栃堂老师迁化之际，我却再也无法控制住万分悲哀的感情了。现在回想起来，当年我在栃堂老师身边流下的泪水，一是源于失去了恩师的悲哀和痛苦，更主要的原因可能是：当时我还没有能够接受并正视栃堂老师业已离开了自己这一客观事实。

末木文美士：真羡慕像栃堂老师那样"从容不迫"的死法呀！但是，一旦轮到自己临终之际，是否能够做到视死如归，还真没有这个自信呐！这也就是"觉悟"吧？

有马赖底：对于一般常人来说，只有当死亡来到了"自己眼前"之际，才能够明了所谓"何为死"这一人生的最后课题吧？这的确需要某种觉悟。

末木文美士：那么您是如何看待"死刑"这一社会和法律问题的呢？近些年来，保留或者废除"死刑制度"已经成为一个社会广泛关心的问题。

有马赖底：我本人坚决反对死刑制度，这个制度必须废除！"杀人偿命"这种观念并不足为取。佛教的字典里没有"复仇"这两个字。

末木文美士：我和您的看法一致。但是，整个日本社会都越来越重视被害者亲属不可弥补的感情创伤，寄予极大的同情。当然，对加害者处以死刑，并不可能使受害者亲属的愤恨感情有所缓和。

有马赖底：一般说来，加害者被处以死刑后，受害者亲属的睡眠状况往往发生恶化。我个人认为，这种情况下可考虑判处长期徒刑，比如一百五十年，或者两百年等。这样的话，即使适逢大赦减刑三十年，也还剩下一百二十年，最终还是在狱中迎来死亡。我想可以给这种处刑方法命名为"自然死"。虽然这只不过是我一个外行人的想

整个佛教界往往迎合社会舆论的走向而决定自身的言行举动。我认为，作为宗教家应该更加自觉、更加积极地关注当今的社会问题。

——末木文美士

法，但是无论如何，我本人坚决反对死刑制度，人不能互相杀戮。

末木文美士： 您的这个观点真是简单明快，我本人完全赞成您的看法。我想您的声音可以带动社会各阶层，首先由整个佛教界开始掀起反对的浪潮。

有马赖底： 您说到要动员整个佛教界，这可不是轻而易举之事。不过，您刚才询问过我："是想当一介普普通通的云水僧，还是想当某一组织的领导者？"我觉得自己的使命就是充当一个领导者，所以我要尽自己的能力去奋斗。幸好我现在还担任着临济宗相国寺派的管长，在日本佛教界也有一定的发言权，所以我要利用现有的身份在适当的场合大声疾呼，把自己的想法和意见传往整个社会。

明天我要去东京，然后去九州、香港……由于身兼数职，每天都是忙忙碌碌的。但是，我绝不会放过这些可以表达自己的想法和意见的机会。要走出去，向整个社会高声地阐述自己的看法（笑）。

末木文美士： 一般身在所谓"领导岗位"的人都很难做到您这样开诚布公、光明磊落。不论是学者还是医生，一般都极力地回避做出结论。这也是因为身在其位的缘故吧？由于各自的身份和职位，大家往往谨慎行事，回避简单明快地做出结论。

我认为，作为一名宗教家应该旗帜鲜明地阐述自身的观点。比如刚才我们谈到的"脑死"问题，佛教徒就完全可以站在自身的宗教立场上发表看法和意见。但是，整个佛教界往往迎合社会舆论的走向而决定自身的言行举动。我认为，作为宗教家应该更加自觉、更加积极地关注当今的社会问题。

殡葬——心灵的护理和关爱

我们僧侣肩负着为死者亲属的"今后"出谋划策，尽到给予心灵护理和关爱的职责和义务。

末木文美士：说起日本的佛教，无论如何都抹不掉与"殡葬"的联系，因此日本佛教被称为"殡葬佛教"。举行殡葬仪式之际，一般人家总是要请和尚来念经超度。近些年来，委托给殡仪公司的家庭也在逐渐增多。还有一些人家选择"直葬"，即将死尸送往火葬场，然后取来骨灰下葬。不过，我个人认为所谓"殡葬佛教"的社会作用比较重要。

有马赖底：说起殡葬仪式，现在，随着殡仪公司的日益专业化，我们僧侣往往作为"配角"登场，采用这种形式的殡葬越来越多了。

末木文美士：您说得很对。现在，殡葬仪式越来越专业化了。

有马赖底：我认为这种形式也不错。僧侣主要负责为死者家属的"今后"出谋划策，给予心灵的护理和关爱。

其实，过去殡葬仪式都是由专业公司操办，佛教并没有参与介入。搞不清楚从什么时候开始，日本佛教被称为"殡葬佛教"了。本来，为死者临终之际"送终"是佛教徒的义务，当然这也是以当事者的亲属为对象。

一般说来，一家之长去世后，家庭内部总要出现不同程度的矛盾或争斗，比如谁来继承家业，财产如何分配等等。在殡葬仪式上，我们一般仔细地观察现场的实际状况，然后适当地向死者的亲属们建言献策。这就是僧侣的社会职责，也是心灵的护理和关爱。

但是，能够游刃有余地胜任这一神圣使命的僧侣越来越少了，也就是说和尚的职业水准越来越下降了。这是佛教界当前面临的一个大问题。

换句话说，只能充当配角，只是领取"出场费"的和尚过多了（笑）。相反，现在许多殡仪公司不仅担负起了心灵的护理和关爱工作，而且完成得还非常出色。这个社会现象对我们佛教界来说是一个极大的讽刺和鞭笞。

末木文美士：您说得很对。家父三年前病故的时候，就请了殡仪公司，整个仪式非常圆满顺利，大家都非常满意。

有马赖底： 听说这些殡仪公司都非常用心去做殡葬仪式。

末木文美士： 对！

有马赖底： 我还听说，最近殡仪公司还在殡葬仪式上提供流行音乐播放等服务项目。

末木文美士： 说到底，殡葬仪式就好比演戏。殡仪公司的职工就是演出家人的角色。

有马赖底： 这么说来，僧侣的"演出费"数额也是由殡仪公司决定的了？

末木文美士： 对，就是这么回事。一般来说，殡仪公司要向客户建议大约需要支付诵经的法师多少费用等。因为，客户一般不太清楚市场的行情，所以觉得这种做法很方便。可是这样做的话，难免招致僧侣商业化之嫌。

有马赖底： 我绝对不赞成这种做法，这种做法有失妥当。

我也时常去殡葬仪式上为已故信徒诵经超度。上一次，有一对年轻的新婚夫妇贷款购置了房产后不久，万万没有想到丈夫突然病故了。我参加了他的殡葬仪式，为他诵经超度。考虑到这一家的处境，以及还要继续偿还贷款等实际情况，我于是就叮嘱死者的亲属："这份礼金绝对不能收！"

那位夫人泣不成声地向我反复道歉："真对不起！真

对不起！"我平心静气地对她说："你今后的人生道路还很长，可能还会比较艰难。虽然你的先生不在了，但是你一定要努力坚强地生活下去！"她听了我的这番话后，热泪不止，频频点头鞠躬。

我觉得这种事情不能简单地用金钱来处理，这就是我们佛教徒应该发挥的社会作用。

末木文美士：听了您讲的这段亲身经历，我的心头也不禁为之一震。现在，不少僧侣往往做不到这一点了。

"浪费"的效用——金阁寺·漆黑美学

金阁寺凝聚了足利义满将军的美学观念，展现了日本的漆文化和黄金文化。

末木文美士：为了准备和您座谈，我日前特意去了一趟金阁寺（笑）。从打中学的修学旅行以来这还是头一次。这次入门时，使用的不是一般的入场券，而是"纸签"。我觉得这个形式特别好，这意味着不仅仅是观光，还可以用它来提高游客"参拜寺庙"这个意识。

有马赖底：对，您的理解完全正确。"啊！真是美丽壮观。"游客们一般都用这样的语言来评价金阁寺。但是美丽壮观的金阁存在的本身还意味着"无声说法"。

末木文美士：我和您同感。

有马赖底：北宋诗人苏东坡①参禅问道，对于常总禅师交付的"无情说法"这一公案百思不解。他离开师父下山途中，坐在半山腰的山石上歇息时，潺潺而流的溪水声触动了他的心弦，这不就是"无情说法"吗？所谓"无情说法"就是无言无语而展示佛法呀？！于是，他信口咏出了这首脍炙人口的名诗：

> 溪声便是广长舌，
> 山色岂非清净身？
> 夜来八万四千偈，
> 他日如何举似人？

因此获得了常总禅师的认可。所以，通过无声之物"阐述"佛法就是"无情说法"。我们相国寺通过一张薄薄的纸签代替门票来启发观光游客：进入寺庙不仅仅是游山看景，而是参拜寺院，亲近佛法。

末木文美士：说到日本禅文化的特色，一般常常用"闲寂"、"幽雅"来形容，而金阁寺的所谓"金碧辉

---

① **苏东坡（1037—1101）** 中国北宋时代的文人、官僚。苏东坡，名轼，与其父苏洵、其弟苏辙并称为"三苏"，为诗文大家。他遭遇了宣判死刑和两次流放等政治生涯危机，代表作《赤壁赋》即流放中所做。苏东坡的诗文极大地影响了日本"五山文学"的发展。

金阁寺凝聚了足利义满将军的美学观念，展现了日本的漆文化和黄金文化。

——有马赖底

煌"一般被评价为"世俗""炫耀",被人敬而远之。

但是,我认为金阁寺具有一种出人意料的感染力,或者可以说具有一种超越现实之美。江户时代的禅画泰斗伊藤若冲擅长使用绚丽多彩的色彩来展现禅文化。所以。我认为不能把所谓禅文化加以"格式化"。

有马赖底:说起禅文化,我认为金阁寺所展现的并不是金碧辉煌的"金"文化,而是"漆"文化。

我们知道,日本的木结构建筑不耐潮湿,所以为了维持建筑物本身的寿命,大多采用涂装"漆"来防潮。但是,"漆"不耐紫外线照射,所以为了保护涂漆,又在涂漆的上面镶贴了金箔。

所谓"金阁"实际上是"舍利殿",是供奉和保存佛陀舍利的场所。为了达到坚固耐用的效果,选用了"漆"和"金",加以装饰,而绝不是为了炫耀,为了迎合世俗(笑)。

末木文美士:哦,原来是这样啊!选用"漆"来保护木结构建筑,采用"金箔"来保护"涂漆",这个办法很科学。但是,"漆"和"金箔"都十分昂贵,需要足够的财力和物力呀?!

有马赖底:这是依靠创建了金阁寺的足利义满将军的力量。漆和金箔可以保护木结构建筑,这个道理人人都懂,但是不用说金箔,就是漆也十分昂贵。另外,漆的涂装技术十分繁琐，要经过反复地打磨，才能使乌黑的漆发出光泽。漆的光泽可以超过金箔。如果我们看到眼前的涂漆焕发出来的漆黑之美，一定会感觉在涂漆表面再镶贴上金箔是一种浪费。但是当年的足利义满将军并没有对此加以制止，而是动用自身的至高无上的权力，为后世留下了一座金碧辉煌的金阁。所以，可以说金阁体现了足利义满将军的美学,或者可以称之为"漆黑美学"、"漆文化"、"黄金文化"。

末木文美士：只有具有至高无上权力的人才能做到这一点呀。足利义满将军曾经觊觎过天皇的宝座吗?

有马赖底：那是朝廷的意愿。因为足利义满将军已经到达了官位的绝顶，所以他本人已经再无所求了。朝廷不知如何敕封将军"号"是好，所以建议选用"太上法皇"这一尊号。

末木文美士：哦，那是朝廷的建议?

有马赖底：对，正式的称呼是"鹿苑太政法皇"。

末木文美士：原来是这样啊!

有马赖底：对，但是最终被足利义满将军的儿子足利义持谢绝了。足利义满将军为后世留下了一座金阁寺，留下了宝贵的漆文化。继承了足利义满将军美学的是他的孙子足利义政。足利义政创建的银阁寺采用了伊藤若冲的绘画作品所展现的绚丽色彩，并且在一些并不为一般人注意的细微之处下工夫雕琢处理。比如银阁选用了极粗的顶梁，至今已经维持了五百多年的寿命。现代的钢筋混凝土建筑最多也维持不了一百年。

我们相国寺建造东京道场时，最初计划采用木结构建筑。但是送往区政府有关部门审批，却没有获得批准，理由是"超过五百平方米的木结构建筑"不予批准，简直是岂有此理！我们真想奉劝一下那些官僚，最好去了解了解木结构建筑物可以保存上千年的建筑常识。

末木文美士：木结构建筑保存历史长久，这和书写在"和纸"上的文书可以永久保存是一个道理。

有马赖底：日本职业技能的智慧真是不可估量啊！

末木文美士：对，确实深无止境啊！不用说外国人不了解，就是居住在关东的东京人，对于位于关西地区的京都文化也不甚了解。京都这个古都有不少令人费解的地方。好多地方就连我这个半路出家的"东京人"都搞不太懂。

比如，京都的传统木结构建筑"町屋"的"鳗鱼床"到底有什么功能呢？院子里既有"坪庭"，还有"内庭"，又窄又长，居住起来好像不太方便。

有马赖底：您提到的这些建筑结构都有各自的特定功能。一般来说，京都人不使用"坪庭"这一称呼。与"内庭"相对，使用"中庭"这一称呼。庭院不但起到了将临街店铺和自家的生活区域隔离开来的作用，在整座建筑物中还发挥着"通风管道"这一作用。

末木文美士：您的解释真是通俗易懂。那么也可以说，残留在现代化的高楼大厦间隙中的町屋本身就是"通风管道"呀！

有马赖底：对，就是这么个道理。在高楼大厦鳞次栉比的市中心，正是因为有了町屋，才能够保持整个城区的良好通风环境。

末木文美士：我从东京搬迁到京都，最初要去

（上）经过无数次打磨抛光后，呈现出漆黑颜色的金阁三层外观。

（下）已经完成打磨抛光，准备镶贴金箔的栏杆装饰"逆莲"。

落户口。京都的住址名称都特别长，比如"某某大街某某上行某某町某某番地"。填表时颇费时间，往往表格的一行写不下，不符合高效率原则。

但是，这些都是历史的产物，每条街道的名称中都蕴藏着各自的历史典故，如果仔细地研究起来的话，是很有意思的。但是也有一些住址名称叫人丈二和尚摸不着头脑，比如"五条天神之天使突拔町"，颇为令人费解。

与著名的日本三大庙会"祇园祭"有关的"彩车"街道一带，分别冠以"祇园祭"使用的祭神。用"彩车"名称中使用的汉字，比如"太子山"町、"函谷"町等。这些街道名称看上去冗长，念起来绕嘴。表面上似乎毫无任何意义的名称中，实际上蕴涵着历史和文化影响的痕迹。这些都显示了京都独特的文化底蕴。

有马赖底：您说得很对。我觉得京都的街道名称设计得很合理。比如，按街道的纵横位置分别冠以不同名称，这样的话以纵横交叉的两条街道的交汇点为中心，只要加上"东西南北"中的任何一个字，就可以辨明具体位置，而不用使用其他的名称了。此外，"～东入"、"～西入"、"～上"、"～下"等，都十分方便。

我个人认为应该尽量保留一些古老的街道名称，比如东京的"霞町"就很有情趣，而类似"西麻布○○丁目"之类的名称，就显得比较乏味。有些我们的双眼看不到的无形之"物"，即"文化的氛围"正在逐渐消失。

所谓禅文化也是如此，禅的本质是我们用双眼窥视不到，用双手捕捉不着之物。一般人谈论起禅文化来，经常喜欢使用"闲寂"或"古雅"来概括。我认为，所谓"闲寂"、"古雅"是指禅的"无一物"这一宗旨。比如，禅宗寺院的正殿中不悬挂布置任何装饰法具，而其他宗派，例如净土真宗的"御影堂"（悬挂开山祖师或一宗之祖影像的殿堂——译注）就装饰得五彩缤纷。当然这种装饰方式自有其道理，基于净土思想，净土真宗利用这种装饰形式来展现阿弥陀如来的西方净土的极乐庄严的世界。

但是，禅宗则主张"无一物中无尽藏"，这就是说"一切皆无，一切皆空"，正因为如此，在"一切皆无，一切皆空"的世界中，蕴藏着无穷无尽的可能性，这就是所谓"无尽藏"的涵义。

天皇——日本文化与天皇制度

"天皇制"是日本文化的一个重要范畴。

有马赖底：所以，我们可以说禅的精神是一个极为丰富的世界。

末木文美士：就是呀！的确可以说是广纳百川，泽惠四海。但是对于我个人来说，这是一个既令人欢喜又使人畏惧的世界（笑）。那么，我们转入正题吧。有马老师，您对日本的"天皇制度"是如何考虑的呢？

有马赖底：您提的问题很"正点"啊！是不是因为我和当今天皇是朋友的缘故吧（笑）？

末木文美士：听说您和当今天皇曾经同窗共读？

有马赖底：那是学习院幼儿园时代的往事了。我当时被选为当时的皇太子，就是现任天皇的陪读伙伴，每天在一起荡秋千、刨沙坑。至于为什么会选中我，我可不太清楚其中的缘由（笑）。

提到天皇制度，我个人认为天皇制度是日本文化的一个组成部分。一般来说，天皇制大体上属于"万世一统"，当今天皇属于"北朝"，"南朝"的天皇为"非正统"。

实际上，所谓"万世一统"的天皇家系中混杂着朝鲜半岛民族的血统。最初在京都登基即位的天皇——恒武天皇的母亲高野新笠就出生于朝鲜半岛的百济。

我认为，应该继承和保留天皇制度，因为天皇制度本身是日本文化的一个重要组成部分。即使不必追溯到神武天皇（史籍传承的神话中出现的日本第一代天皇，天照大神后裔。传说他建立了最早的大和王权，为日本开国之祖与天皇之滥觞——译注）时代，从天智（673—686在位）、天武天皇（668—671）时代算起，天皇制度已经连绵不断地传承了一千数百余年。

当年，由中国和朝鲜半岛传入的外来文化就是日本文化的源泉。很多外来文化的"外形"至今还完整地保留着。比如京都的"冷泉"这一家族，就是近乎奇迹般地繁衍传承了下来。冷泉家族完整地保留着天皇家族一年四季日常生活中的传统仪式，并且古为今用。有关的历史文献记录也都完整地保存了下来。

前一阵子，是否设立"女帝"一时成为日本社会的一个热门话题。当时的首相小泉纯一郎曾提出建议："能不能想方设法把'爱子'（现皇太子的长女——译注）改定为皇位的合法继承者？"并尝试改动《皇室典范》。

我们知道，《皇室典范》制定于明治时代，前后历时二十余年。而小泉纯一郎却打算利用三个月的时间加以改动。根据日本的"新宪法"（昭和二十二年开始实施——译注），虽然天皇仅仅为象征权位，但我认为即使天皇制度仅仅是一个象征，这个制度也应该加以保留和继承。这不是设立"女帝"与否的问题，也就是说不是什么单纯的"男与女"的性别问题，而是如何保持皇室传统，即如何保持日本传统文化的大问题。

当然，这并不意味着完全否定设立"女帝"制度。日本历史上，持统天皇、元明天皇、元正天皇，还有江户时代的后樱町天皇等都是女帝。所以，我们没有任何理由排斥女帝制度。

我刚才提到的"冷泉"这一家族，几百年来一直将皇室的新年、歌会、节分，七夕等传统节日和祭祀活动原封不动地继承保存了下来。我们通过冷泉家族一年四季的日常生活，就可以概括地了解日本文化的大致轮廓。

我们必须大力地保护诸如此类的日本传统文化。这不是一个保留不保留天皇制度的小问题，而是一个如何保护和继承日本传统文化的大问题。

和尚，挺身而出！

我与清泷智弘和尚

末木文美士：衷心地感谢您向我们阐述了关于天皇制度的"体验型"真知灼见，有马老师保护日本传统文化的炙热情怀溢于言表，我自愧不如，甘拜下风（笑）。

顺便说一下，我和您一样，我也基本上赞成保留象征性的天皇制度。不过，我觉得京都人和东京人比较起来，对待天皇的心情和感觉似乎不太一样。天皇对于京都人来说，与其说是一个强权的象征，不如说是一个更为亲近的存在。好多京都人都经常这样说："咱们的天皇到东京出差去了，迟早还是要回到京都来的！"

以上，我们有机会亲耳聆听了有马老师关于"脑死"、"内脏器官移植"、"死刑制度"等当今社会热门话题的看法和意见，您铿锵有力的话语使我深为振奋。您对待任何问题都不是暧昧敷衍，而是旗帜鲜明地阐述己见，坚定而执著地面对社会逆流，挺身而出，据理力争的风范给了我极大的触动。

此外，您还亲自担任了"维护'宪法九条'京都之会"的发起人代表，积极从事维护和平的社会活动。我们从以您为首的日本佛教界领袖人物的一言一行之中，看到了日本佛教的未来和希望。

有马赖底：哪里，哪里！实际上我是一个十分温柔的男子汉。

末木文美士：哦，我想起来了！刚才您回忆往事时，谈到您的恩师森下大拙和尚曾经夸奖过您是一个"心地善良、和蔼温顺的孩子"，同时送给了您那本植物入门书《绿色的魔术》。

有马赖底：对，那本书我至今还一直珍藏在身边。本来今天想翻出来请您过目。没想到过于谨慎小心，搞不准具体收藏在什么地方了，所以一时没找出来（笑）。

末木文美士：您肩负着森下大拙和尚的殷切期待，由一个心地善良而和蔼温顺的少年成长为杰出的佛教界领袖。不论对手是谁，如果不合乎世间情理，您都挺身而出，据理力争，甚至不惜动用"吵架"手段。

有马赖底： 我可从来都没有和他人吵过架哟（笑）！

末木文美士： 当年，由于反对和抵抗征收"古都税"（1982年至1988 年期间，京都市与以有马赖底为理事长的京都佛教会之间，围绕京都市实行征收保存古都协力税而展开的尖锐的对立和抗争。最终以京都市宣布撤回该项税收而告终结——译注），您的大名可是响遍了日本列岛啊！

有马赖底： 哪里，哪里！ 实际上我是一个十分温柔的男子汉。

对不起，我想订正一下，当时我可是什么都没说过呀。我们的对外发言人是清泷智弘和尚。在那场"古都税"的论争中，担任对外宣传报道的广隆寺①的清泷智弘贯主最为辛苦。清泷智弘贯主被称为"直角清泷"，为人豪放直爽。他在困难面前从不萎缩、绝不后退，不怕指责，

---

① **广隆寺** 位于京都市右京区太秦蜂冈町，原属真言宗御室派寺院，现分门独立。该寺古称"蜂冈寺"，源于秦河胜将圣德太子所赐"弥勒菩萨像"安放于自家宅邸。本尊佛为圣德太子33岁时所造"神佛一体"立像，轮换着装历代天皇即位大礼时穿着的"黄染桐竹凤御祝之御束带"。平成六年（1994），修理该太子像右腕部位时曾取下头部，在太子像胎内发现一只八瓣菊花形状的小箱。箱内藏有该寺由法隆寺、橘寺、四天王寺获得的与太子有缘的大量物品。由此可以证实，广隆寺与圣德太子法缘最为深远，历代天皇皆为圣德太子的化身这一传承的真实性。所谓"广隆"为秦河胜本名。

坚持自己的信念，勇往直前。就是这个"直角清泷"曾经多次推着陷于踌躇不决困境的我的脊背，督促鞭策我勇往向前。遗憾的是他走得太早了。

末木文美士：清泷智弘贯主是什么时候过世的？

有马赖底：平成十一年（1999）11月27日，59岁时走的。我作为导师主法，在广隆寺的宝物馆，也就是在日本国宝第一号"弥勒菩萨"的佑护下为清泷智弘和尚举办了葬礼。大家都为他的过早离去而深感惋惜。

末木文美士：就是那尊在日本历史教科书中登场的"弥勒菩萨"吧？

有马赖底：对！就是那尊弥勒菩萨。

末木文美士：那不仅是一尊广为信仰的佛像，还是一件妇孺皆知的美术品。

有马赖底：曾经有过这么一件事。当时，有一个无知的日本国会议员去法国访问，和法国总统密特朗商定，将于日本展出"米勒的维纳斯"。但是，法国方面提出了一个附加条件，日本方面须承诺将清泷智弘贯主住持的广隆寺的"弥勒菩萨"像交换在法国公开展出。清泷智弘得知这一消息后，怒气冲冲地跑到我这里，和我商量对策。听了他的情况介绍后，我也觉得那个国会议员的私自决定不妥。因为"米勒的维纳斯"仅仅是一件美术作品，而广隆寺的"弥勒菩萨"不仅是一件杰出的美术作品，更重要的是还是宗教信仰的对象，所以不能相提并论。听了他的介绍，我也对那个无知的国会议员的做法感到十分气愤。

末木文美士：对，这是一个常识性的问题。

有马赖底：就是。拿一件普通的美术作品和一件宗教信仰对象作为交换条件，这种思维方式过于幼稚了。但是，这是一个两国政府间已经协商约定了的文化交流项目，虽说是政府间随意自作主张决定下来的事情。当时，清泷智弘和尚手足无措，不知如何应对是好。于是，我就帮他想了一个解决办法。

末木文美士：最后究竟是用什么办法解决这个矛盾呢？能不能请您简单地介绍一下？

有马赖底：您十分了解广隆寺的缘起吧？当年，秦河胜（六世纪至七世纪曾辅佐圣德太子理政，由朝鲜半岛渡来的"渡来人"——译注）为了奉祀与圣德太子有缘的弥勒菩萨，创建了广隆寺。

末木文美士：对，日本的历史教科书介绍广隆寺时，首先介绍的就是这尊弥勒菩萨像。这尊佛像与朝鲜半岛也有较深的因缘，对于了解当年日本与朝鲜半岛的交流往来的历史十分重要。即使对佛像一无所知的日本人也知道这尊弥勒菩萨像。

有马赖底：就是这样，因为这尊弥勒菩萨像过于有名了。广隆寺还有一尊"秘佛"圣德太子像。每当天皇换代时，也就是说每当"大尝祭"（天皇即位之初，以当年收获的新谷祭祀天神地祇的仪式——译注）结束后，天皇将曾经穿过的服装下赐给广隆寺，然后为这尊太子像换装。所以，自古以来广隆寺与皇室就有着深远的因缘关系。我当时就给清泷智弘和尚出主意，可以用"天皇陛下不太赞成把国宝第一号送往国外公开展出"这一理由来敷衍政府有关部门。

　　末木文美士：这就是您的睿智呀！

　　有马赖底：至于运作具体情况我可是不清楚呀！

　　末木文美士：（笑）。

　　有马赖底：但是，毕竟这是日法两国政府之间的正式文化交流项目，后来，听说把奈良法隆寺的"救世观音像"送往法国参展了。

　　末木文美士：这也是一个好主意，因为"救世观音像"也与圣德太子有着殊胜的因缘。

　　有马赖底：对，法国方面也接受了这个改动方案。

　　末木文美士：这么说，您和清泷智弘贯主是一对绝妙的搭档啊！？

　　有马赖底：我们之间的关系超过了朋友和同道，可以说是互为"分身"的关系呀！

圣一国师圆尔辨圆的"独目"——呼唤灵性

圣一国师单目失明后，方才觉悟。

末木文美士：最后，我还想再一次向您请教一下"公案"的问题。我最近打算整理汇集一下"公案"方面的研究课题，正好利用今天这个机会，请教您几个问题。

无准师范顶相
无准师范赞（现存于鹿苑寺）

圣一国师圆尔辨圆
明兆　绘（现存于东福寺）

一般来说，公案中没有所谓"道理"或"理由"。但是我一直在琢磨，是否能够从理论角度来考虑和认识公案呢？

铃木大拙先生经常引用《无门关》第43则"首山竹篦"这一公案。这则公案的大意是：不可说是竹篦，又不可说不是竹篦。在理论上讲，就是以所谓"排中律"为前提条件。也就是说，或者肯定，或者否定，而毫无中间道路可走。以这一理论为依据，而欲超越这一理论。由此看来，这则公案最初就明显地意识到了所谓"理论"问题。但是，最近的数学研究中有一个非常有趣的话题，就是所谓"排中律"并不一定存在。换句话说，就是存在"肯定和否定都不存在"这一命题。

有马赖底：哦，是吗？

末木文美士：如果这一观点成立的话，最尖端的数学也好，逻辑学也好都在向禅接近靠拢。所以，我感觉如果把禅与数学和逻辑学结合起来研究的话，将是一个十分吸引人的课题。

有马赖底：您看过东福寺开山祖师圣一国师①的顶像，

---

① **圣一国师** （1202—1280）法讳圆尔辨圆，镰仓时代临济宗"圣一派"之祖，圣一国师为谥号。圆尔辨圆34岁跨海入宋，入无准师范门下禅修七年。归国后，以九州地区为中心兴禅布教。宽元元年（1243）深受镰仓时代初期的朝臣九条道家的皈依，继而被迎请为九条道家发愿创建的东福寺开山祖师。九条道家的墓冢位于东福寺内。圆尔辨圆付与九条道家的《付九条大臣坐禅论》中有"地狱亦无心，极乐亦无心"一句名言。

就是肖像画吗？

末木文美士：就是室町时代中期著名的佛画家兆殿司明兆绘制的那幅肖像画吧？画得十分逼真……最近，学术界对圣一国师非常关注。

有马赖底：对，圣一国师就是圆尔辨圆，肖像画上的右眼失明了吧？

末木文美士：对，的确是这样。

有马赖底：您知道圣一国师的右眼是怎么失明的吗？那是被师父用竹篦无数次痛打落下的"后遗症"，师父手中的竹篦伤了圣一国师的眼睛。

手操竹篦的就是圣一国师的师父无准师范和尚。无准师范和尚把首山禅师曾经向修行僧提出的"首山竹篦"这一公案交付给自己的徒弟圣一国师。这则公案，就如同您刚才介绍的那样："虽然是竹篦，但是不可说是竹篦，也不可说不是竹篦"，找不出所谓"答案"。这是一则闻名禅林的难题。无准师范和尚就是把这一难题交付给了不远万里前来径山拜师求学的日本僧圆尔。他对这位年轻有为的留学僧寄托了无限的期望。

接受了这则公案以后，圆尔从早到晚呕心沥血，投入坐禅修行的实践之中，但是无论如何都寻觅不到理想的答案。即使如此，圆尔还是定期怀揣着自己的答案前往无准师范座下禀报禅修结果。有一天，无准师范手操竹篦，不分青红皂白照着前来禀报的圆尔身上就是一顿抽打，被打得几乎气绝的圆尔终于大彻大悟了。从此以后，圆尔继续在无准师范门下修行，三年后学成归国。圣一国师圆尔辨圆归国以后，日本禅林翻开了崭新的历史篇章。

末木文美士：这么看来，从这则公案里找不出所谓"理论"的踪迹呀！？不过，这种接机施教方法未免过于暴力。

有马赖底：但是，我们禅人并不这样看。刚才我已经谈到，我最初拜师森下和尚，虽然被他百般敲打，但是没有一丝一毫的怨恨情绪，反而觉得自己有一位难得的好师父。所以，挨打被踹，真是算不了什么。

身为禅师，是出于及早把手下弟子培育成才的想法而下手敲打徒弟的。无准师范禅师正是因为看准了圆尔将来能够成为挑起日本禅林栋梁的首屈一指的禅僧，所以才把"首山竹篦"这则难题交给了圆尔，目的在于使自己心爱的弟子大彻大悟，早日成才。

末木文美士：所以，即使打瞎了一只眼睛，也在所不惜……

有马赖底：对，一只眼睛失明以后，圆尔方才大彻大悟的。我认为，无准师范这位古德是想把禅的真正面目通过圆尔传往日本，所以，通过痛打唤醒了圆尔心中沉睡已久的灵性。

末木文美士：那么，说到底这是师徒之间的无比牢固的信赖关系呀！您和您的师父森下和尚之间可能也存在着这种信赖关系吧？

有马赖底： 您说得很对，我们师徒之间可以说就是这种关系。

末木文美士： 听您这么一介绍，我更想亲眼看一看森下和尚送给您的那本《绿色的魔术》了，可惜今天……

知足

这次对谈结束后不久，就发生了东日本大地震。有马赖底鉴于此次大地震给予日本人的启示，以及人类今后的生存方式，在《知足》这篇短文中提出了自己宝贵的意见。其全文如下：

7月25日，我前往福岛县厅，拜访了佐藤雄平知事。此次之行有两个主要目的：

（1）亲手将京都府内各寺院的两千万捐款转交给佐藤雄平知事。

（2）代表京都佛教界向佐藤雄平知事转达"坚决反对核电站"的意见。曾经被科学工作者和宣传报道机构誉为"安全神话"的原子能这一人类生态圈外的能源，被大地震轻而易举地摧毁了。目睹眼前活生生的现实，我认为，我们应该认真地考虑一下原子能发电对于处在火山地带，并且大地活断层众多的日本列岛来说，究竟是否尚有继续存在的必要？

告别佐藤雄平知事，我沿着倒塌的房屋和砖瓦堆积成山的福岛市沿岸巡视，面向已经恢复了平静的大海，不禁合掌而拜。我认为，这场灾难的根源并不在于反对或赞成原子能发电这一能源政策和现状，这是大自然赋予日本战后突飞猛进的发展历史的一个深远的命题。人的欲望永远没有止境。

为了达到"知足"这一愿望，我们究竟应该如何行动？首先，应该有"自知之明"，知晓自身的身份地位，明了"我"究竟为何物，并以此为起点深刻地反思自身。如果明白了自身的地位身份，就要努力做到满足于自身的地位和身份，不论任何场合，不论任何物质条件，都要甘于满足。啊，这样就不错！啊，这样就足够了！当我们的头脑中自然而然地涌现出这样的念头时，固有的欲望就会不声不响地销声匿迹。重要的是，不要强制地去压制和克服欲望，而应该保持知足的心境。

有马赖底

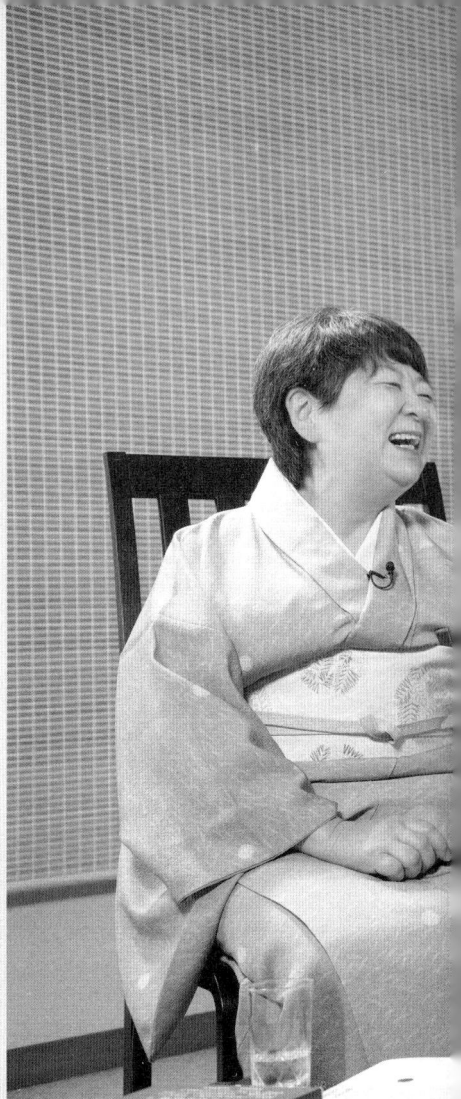

有马赖底
与
冷泉贵美子
对谈

冷泉贵美子

出生于京都，其父为上代"当主"冷泉为任，其母名布美子。其丈夫为冷泉家第二十五代当主冷泉为人。冷泉贵美子辅佐其丈夫不遗余力地保护传承了长达八百余年的"和歌"，以及日本传统习俗活动和仪式。冷泉家的"御文库"，即收藏着先祖传承下来的典籍、古文书等文物的库藏，被尊为"诸神"镇坐之"神殿"而崇奉。冷泉家的"初诣"即"新年首次参拜仪式"也在装饰着"门松"的"御文库"，即"神殿"举行。冷泉贵美子现任"冷泉家时雨亭文库"事务局长。该文库为财团法人，由前任"当主"冷泉为任设立于1981年。

京都的"奥秘"

——御所·冷泉家族·有马赖底

当一家人面临诀别之际，长辈问他："你想做什么？"这位七岁的少年天真地回答说："我想当一休和尚！"这位少年经历了岁月的洗礼，而今成为日本佛教界著名高僧、临济宗相国寺派管长。

具有八百余年传承历史的日本"和歌"之家传人，以及"京城文化"传承者"冷泉家族"之主的夫人冷泉贵美子，与临济宗相国寺派管长有马赖底老师，畅谈京都文化的"奥秘"。

离开东京闹市，前往九州南方——与母亲诀别

当年，热泪滚滚而下的家母，就是在我幼小的心灵中永远定格的尘封形象。我从来也没有怨恨过自己的母亲。

——有马赖底

有马赖底：一晃好久没见了。夫人，这次咱们聊聊什么？

冷泉贵美子：真是好久没见了，今天想和您聊聊咱们"街坊邻居"①的事儿。那么，我先向您请教一个问题好吗？

有马赖底：好啊！请您随便问吧！

冷泉贵美子：上次和您见面时，您提到了您是在九州的日田那个地方落发为僧的。您那么小就出了家，是不是当时家里出了什么大事儿呀？

有马赖底：说来话长啊！我上小学的时候，父母离婚了。

冷泉贵美子：啊，原来是这样啊！？

有马赖底：昭和十年（1935）前后，男人们都崇尚和向往为国当兵上战场，我父亲也跟随社会潮流参军了。当

---

① 〈隔壁近邻〉　相国寺位于现在的冷泉家步行五分钟左右的位置上；相国寺位于室町幕府第3代将军足利义满的宅邸"室町御所"东邻，冷泉家位于"室町御所"东南角，所以可以说基本上位于同一场所的隔壁近邻。冷泉家原来位于现址的偏北（冷泉高仓）。

年，由于我父亲"华族"这一特殊身份，可以携带家属从军。所以我父亲劝说母亲也一同前往中国，但是我母亲坚决不肯陪同家父一同上战场。

冷泉贵美子：噢，那您母亲说什么也不想去吗？

有马赖底：对。我母亲当时在学习日本画，入门不久，兴趣正酣，所以无论我父亲如何劝说，她就是不肯陪同前往中国。我母亲心灵手巧，悟性特别高，绘画水平进步得很快。我手头至今还保存着三幅我母亲当年的习作，即《迦陵频伽》、《杜若》、《源氏物语》中的《胧月夜之君》。

冷泉贵美子：当时，您一家居住在什么地方？

有马赖底：东京的丰多摩郡，就是现在的中野区住吉町，行政区划的东中野4丁目。我父亲为男爵，母亲为与德川幕府第一代将军德川家康生身父母有血缘关系的子爵后裔。兄弟三人，我排行老二。所以可以说，我父母的婚姻并不是男女相亲相爱的结合，而是两个家族的政治联姻。

冷泉贵美子：也就是说，那是华族的有马家和武将的水野家的政治联姻吧？

有马赖底：对。记得上次我曾经和您谈到，多年来一直

母亲有马千惠子22岁左右
"满面薄幸之感"

陷于感情危机的父母无奈最终选择了离婚之路。家兄身为长子，所以顺理成章地被指定为有马家族家业的继承人，弟弟尚年幼无知。剩下的问题就是如何安顿我这个正当腰的老二了。只有我一个人被送到了位于九州大分县日田的禅寺岳林寺，出家当了和尚。

冷泉贵美子：这么说来，您是和九州这个地方有缘呐！

有马赖底：最初，我被寄养到了九州的梅林寺。梅林寺是临济宗妙心寺派的禅寺，是久留米藩（藩为诸侯领地之称）第一代藩主丰氏为有马家族建造的菩提寺（家族世代皈依供养的寺院）。在那之前，我一直在"学习院"（创建于1877年，原属专门招收和培养皇室及贵族子弟的

与母亲在一起。原载《主妇之友》昭和十三年（1938）二月号采访照片中的一枚。千惠子29岁，永赖（赖底）5岁。这是最为幸福安稳的岁月。

教育机构，现面向社会开放）学习。

当年，正因为我还是一个孩子，所以才不假思索地随口回答："我想当个一休和尚那样的人！"
——有马赖底

冷泉贵美子：当年，您那么一个小小年纪的公子哥，怎么会选择出家当和尚了呢？

有马赖底：这都是我舅舅的主意。那年夏天的一

父亲有马正赖，24岁前后。曾在弘道馆修习柔道等，擅长体育。只是，由于金钱感觉迟钝，商场上经常为人所骗，吃亏上当。

永赖8岁。兄弟三人合影，摄于父母离婚，兄弟三人各奔他乡之前。（原刊登于"东横百货店快照影集"）

天，我舅舅和我聊天儿，问我："你小子长大了想做什么呀？"当时，我正捧着连环画《一休和尚》而爱不释手，就不假思索地随口回答："我想当个一休和尚那样的人！"这样，我就被送进了梅林寺。这件事听起来好像是一个玩笑，但这绝不是玩笑！我嘴里随意冒出来的那短短的一句话，就决定了自身一辈子的命运。

冷泉贵美子：您说什么？您那么小就想出家当和尚了？

有马赖底：对！出家禅寺，当小和尚。我父母离异后，我们哥仨都离开东京去了九州。我父亲的表兄弟也在九州，我们暂时寄宿到了那位伯父家。

学习院初等科远足旅游合影。永赖8岁，位于二排中间。肩背当时非常时髦仿佛弹筒一样的便携水杯。

冷泉贵美子：最终，您兄弟三人中只有您一个人出家当了和尚？

有马赖底：对。我们哥仨中只有我一个人出家当了小和尚。

冷泉贵美子：那还不是因为您当时一时心血来潮，说了要当一休和尚呗。这也是缘分啊！

有马赖底：不过，现在回过头来看，也许是"歪打正着"。但是当年的梅林寺被称为天下禅林三大"鬼门关"之一，常住僧堂修行的都是二三十岁的云水僧，可我还是一个刚刚七岁的孩子呀！周围的亲朋好友都觉得把我送进那么一个地方过于可怜了，最终决定把我转送到了另外一个禅寺岳林寺。在岳林寺，我开始了那漫长而艰辛的小和尚生活。

当年，我和母亲诀别以后，经常这样想："从今以后，我再也见不到母亲了，这该有多么悲哀、多么痛苦啊！"但是我当时也曾经想过："换一个角度来看，身为人母，我母亲的内心深处一定比我更加痛苦、更加凄寂。"

冷泉贵美子：那您母亲后来怎么办了呢？

有马赖底：我母亲？

冷泉贵美子：对，您母亲也和您一起去了九州吗？

有马赖底：我母亲和我们一起上了火车，同行的还有姑母，就是我父亲的姐姐。但是，我母亲在旅途中杳然失踪了。看见我母亲中途不见了，我不禁连声追问姑母：
"我妈妈到哪儿去了？"姑母支吾搪塞地告诉我："你妈
临时有点儿急事，一会儿就会回来。"从那以后，我们母
子两个就再也没有见过面。

冷泉贵美子：真是太可怜了！您难道没有怨恨过自己
的母亲吗？

有马赖底：没有，从来没有怨恨过。当年，我们一家
决定要离开东京前往九州后，我母亲领着我去学习院小学
办理转学手续，同时和班主任杉山老师告别。杉山老师和
蔼可亲地对我说："到了九州那边儿，你可要自己注意身
体呀！"我当时体质特别虚弱，经常出湿疹，杉山老师平
时就格外关心我。我母亲听到老师的这番嘱咐，含在眼眶
里的热泪再也止不住了。当年热泪滚滚而下的家母，就是
在我幼小的心灵中永远定格尘封的形象。我从来也没有怨
恨过自己的母亲。

冷泉贵美子：您母亲当年内心也一定十分痛苦呀！请
您有机会一定向我们"和敬学园"①的孩子们讲一讲您的这

---

① **和敬学园**，位于京都上京区相国寺北门前下之町。系专为难
以与父母共同生活的18岁以下少年儿童设立的生活援助设施，入园理由
各种各样。最初，由于父母离婚或父母双亡者较多，现在由于遭受父母
虐待或抛弃者居多。1924年，相国寺内"塔头"慈云院的住持樋口琢堂
禅师首先在寺内创建了少年儿童活动站。1968年，该站成为社会福祉法
人机构，定名为"和敬学园"。冷泉贵美子为现任理事长，有马赖底老
师为后援会会长。

段令人难忘的心酸经历。

　　有马赖底：现在"和敬学园"的孩子们可是够可怜的了。过去，"和敬学园"收养的一般都是由于父母欠债失踪，或者由于交通事故父母双亡的孩子。而现在收养的一般都是遭受父母虐待，或同龄孩子欺负的孩子。

　　冷泉贵美子：您说得对。现在入园的孩子"患忧郁症"和"外出恐惧症"的比较多。过去极为少见的学校内歧视及家庭内部暴力正日益增多。您和您母亲之间离别的故事虽然令人深感悲哀，但是请您有机会一定给学园的孩子们讲一讲，那段充满母子深情而催人泪下的心酸往事。

　　有马赖底：我看现在"和敬学园"的孩子们都很努力，并且积极要求上进。

　　冷泉贵美子：但是，到目前为止我们学园的毕业生走

高中时的冷泉贵美子，摄于滋贺牧野滑雪场。

小学时的冷泉贵美子（左2），六年级时与玩伴经常在相国寺内玩耍。

上社会以后，男孩子最好也就是去餐饮店工作，而女孩子就更不理想了。我们这些经营参与者还应该更加努力呀！

　　有马赖底：为了更好地改善目前的经营状况，我们还缺乏不少资金。

　　冷泉贵美子：对，我们还需要来自社会的更多的慈善捐款和道义声援。

　　有马赖底：我最近也一直在考虑这件事儿，怎样才能使社会各阶层更广泛地了解我们这个"和敬学园"。

　　冷泉贵美子：听说您前一阵子把长岛茂雄（日本妇孺皆知的著名职业棒球选手，现任巨人队终身名誉教练，并曾于2002年担任日本棒球队总教练）请到我们学园来了？

　　有马赖底：是呀，那天我们学园可是人山人海。今年，我打算把著名电影演员佐久间良子女士请来给学生们做报告。

　　冷泉贵美子：上次请来的赛马骑手武丰也很有人气，

有马赖底管长与日本著名棒球教练长岛茂雄，选自"和敬学园"学园长长岛茂雄上任仪式写真集。

好像大家都挺喜欢他？

有马赖底：对，那次效果确实不错，武丰年轻有为，为人也特别正派。

冷泉贵美子：是吗？

有马赖底：武丰2006年骑着名马"戴维·巴克特"，获得了"有马纪念赛马杯"冠军。

冷泉贵美子：对了，您的有马家族就是由于"有马纪念赛马"（1957年，为纪念原日本农林大臣、日本中央赛马会跌人理事长、原久留米藩藩主有马家族第15代后裔有马赖宁在各个领域的不朽功绩而设立）等而闻名日本的诸侯有马世家呀！

有马赖底的修行时代——顽强拼搏

自觉地树立以"琴棋书画"之技而"独往独来"生存下去的信念。

——有马赖底

冷泉贵美子：我觉得日本现在的孩子特别软弱，尤其是男孩子更为明显。

有马赖底：我认为培养孩子们的自立之心特别重要。当年，我和母亲诀别以后就经常这样想："从今以后，我再也见不到自己母亲了，这该有多么悲哀、多么痛苦啊！"但是我当时也曾经想过："换一个角度来看，身为人母，我母亲的内心深处一定比我更加痛苦、更加凄寂。"我之所以能有这样的想法，要感谢从各方面教育启迪我的舅舅。他曾经不厌其烦地教育我说："武士人家的孩子，一定要具有能够应付各种局面的精神素养。"舅舅尤其强调要好好地学习琴棋书画。

　　冷泉贵美子：琴棋书画？就是希望您学习艺术？

　　有马赖底：对，伯父培养我自觉地树立了依靠琴棋书画而"独往独来"生存下去的信念。从小的时候，我就有了这种"自立"的精神。

　　冷泉贵美子：您是在日田那个地方度过了漫长的修行

有马赖底的修行照。昭和二十三年（1948）10月3日于相国寺僧堂坐禅，当年23岁。

琴棋书画
——街头表演艺术

琴棋书画，泛指琴（音曲）、棋道、书法、绘画"教养"，一般称为"艺道"。

世阿弥创作的"能"（《丹后狂人》）中有《男狂人》一曲。《丹后狂人》剧情大致如下：

武士出身的父亲，把祈愿文殊菩萨后所获之子送进丹后的成相寺修行。某日，父亲为了观察儿子的成长状况，造访成相寺。得知儿子虽然努力修行，但是"精于乐器籁和八拨（日本古代街头表演艺术之一——译注）"后老羞成怒。儿子难耐其父无名怒火，跳入丹后的大海中自尽寻死。被九州人从大海中救出后，曾一度在当地修行，后返回成相寺。这时，由于儿子跳海自尽而导致了精神错乱的父亲出现了。父亲看到儿子仪表庄严说法讲经的情景，精神顿时恢复了正常。这里所谓的"琴棋书画"，即"八拨"这一"街头表演艺术"。讲经师一边敲打着胸间斜背着的小鼓，一边即兴表演"八拨"。此外，琴棋书画亦为武士必修的"教养"科目，通晓"琴棋书画"者，才能够成为真正的武士。

琴棋书画屏风

六幅一套（纸本金底设色）尺寸各为168.0cm×360.0cm
江户时代　现存于相国寺

生活，然后来到京都的吗？

有马赖底：对，那是昭和三十年（1955）的往事了。那一年，我获准进入了京都的临济宗相国寺派的专门道场，就是僧堂。

冷泉贵美子：人家都说僧堂里的修行生活异常艰苦。不过，您从小就已经树立了"独往独来"地生存下去的信念，经历了即使家庭四分五裂也要顽强地生存下去的心灵历练……

有马赖底：的确如此。我要感谢难得经历体验的小和尚时代的修行生活，这种生活锤炼了我的身心。我刚才谈到，我在童年时代软弱不堪，不仅是身体方面，精神意志方面更是如此。但是离开繁华都市东京来到南方的九州出家当了小和尚以后，整个身心都得到了脱胎换骨的改造。当年，每天赤足在禅寺后山上跑来跑去，下田种菜栽稻，经历了各种各样的生活磨炼。我们还种过麦子，自己脱谷磨面擀面条；摘采山里长的芋头、蘑菇拿回来下厨。

冷泉贵美子：从山上摘采回来？

有马赖底：对呀，不过未经任何人的许可，哈哈哈！

冷泉贵美子：当时寺院里完全是素食吗？

有马赖底：不，也常吃鱼，确切地说是鱼骨头。当时，车站前有一家鱼店，碰到店里进货分类处理鱼时，我们就等在一旁，捡回他们扔掉的鱼骨头和鱼皮来下厨。现在回想起来，多亏了这家鱼店，我才长得体格魁梧，又高又壮。

冷泉贵美子：就是呀，因为您从小就经常吃鱼骨头补钙，所以才……哈哈哈！

有马赖底：没错！真得感谢那家鱼店的老板。当年，我们这些修行僧有机会体验了各种各样的生活。我还烧过炭，做过木匠活，从小学四年级就开始做饭。

冷泉贵美子：这么说来，您什么都会，什么都难不倒您呀？！

有马赖底：我还盗窃过庙里的香火钱。

冷泉贵美子：真的吗？

有马赖底：当年，因为饥饿难捱，就用棍子敲打香资箱底，从箱口漏了出来，有一元硬币，还有十元硬币。我把一元硬币塞回香资箱内，把十元硬币拿去车站前的商店买零食吃。

冷泉贵美子：如果大人们知道了，也不会责怪这些孩子吧？

有马赖底：对，有时候身上没有钱，成年人还会给我们糖果吃。

冷泉贵美子：这么看来，当时的社会风气还是不错的呀！成年人对孩子们是那么和蔼可亲。

冷泉家即"和歌之家"

——"京城文化"的"宗家"

"京城文化"的精华都蕴涵在"传统习俗活动和仪式"之中。

——冷泉贵美子

有马赖底：前几天，您和您丈夫（具有八百余年传承历史的日本"和歌之家"第25代传人冷泉为人——译注）一同光临银阁寺，欣赏了足利义政（室町幕府第八代将军、银阁寺创建者、"东山文化"奠基者——译注）的《百首和歌》。《百首和歌》的"歌道点评"者是冷泉为广，冷泉为广是您冷泉家族的第几代？

冷泉贵美子：第六代。

有马赖底：冷泉为广从足利义政的《百首和歌》中选出十六首，加以点评。

冷泉贵美子：评论幕府将军做的和歌呀？！

有马赖底：对，而且冷泉为广当时比足利义政还小十四岁。但是，不论冷泉为广是和歌的先生，对于足利义政来说是一个难得且宝贵的人物。

冷泉贵美子：您说得有道理。"明治维新"（一般指1867年江户幕府崩溃，以天皇为中心的新政府成立的过程——译注）之前，"和歌"是王公和贵族必备的学问和教养。不仅幕府的将军，武士和僧侣都修习和歌。直到明

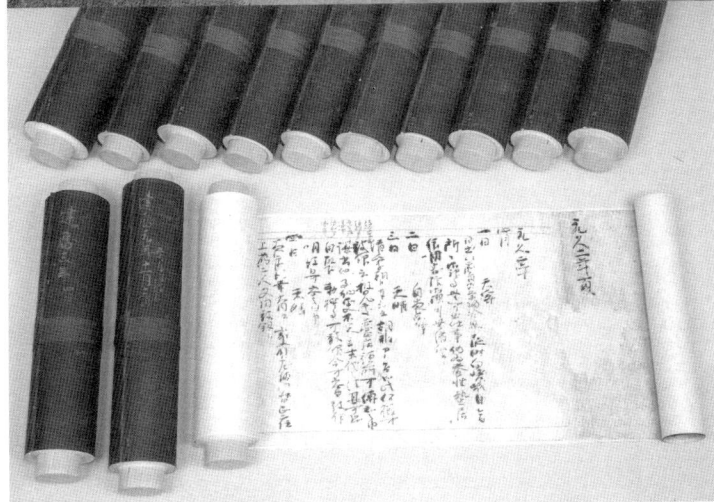

（上）〈乞巧奠的"星座"〉

（照片由冷泉家时雨亭文库提供）

"乞巧奠"指冷泉家门人聚会举行"七夕节"之意。冷泉家宅邸的南院设置台架"星座"，摆放山珍海味、五色绢丝、五色纸丝、秋七草、琴、琵琶等，供与彦星和织姬。

（下）藤原定家手书《明月记》镰仓时代前期 卷本

现存于冷泉家时雨亭文库

《明月记》是藤原定家于治承四年（1180）至仁治二年（1241）80岁去世之间所写的日记。冷泉家的时雨亭文库中保存着建久三年（1192）至天福元年（1233）之间的日记，其中有所欠缺，仅存58卷。日记中记录了藤原定家的日常起居生活，以及关于"歌坛"的见闻和编撰《新古今和歌集》的实际状况。

冷泉家年表——冷泉家、足利将军、天皇

公历	和历	天皇 大觉院寺统	天皇 持明院统	将军	冷泉家 生年	冷泉家 殁年	其他
							※二条家接近大觉院寺统，京极家加入持明院统。
1263	弘长3	龟山			为相		为相之父藤原为家为藤原俊成之孙，定家之子。
1265	文永2						为家向天皇奏上《续古今集》。
1275	建治	后宇多				为家	为家殁。
1279							阿佛尼为投诉而赴镰仓，执笔《十六夜日记》。
1280	弘安3						为相创设冷泉家。冷泉家之名源于为相曾居于位于冷泉街的定家的旧居。
1289	正应2	伏见					顿阿诞生。
1300	正安2	后伏见			为秀		1300年前后，为秀诞生。为秀的门弟有足利义诠、京极基氏、今川贞世等。
1328	嘉历3	后醍醐				为相	
	（南朝）（北朝）	南朝	北朝				
1332	元弘2　正庆		光严				京极为兼殁。京极家绝后，至为兼一代而绝。
1336	延元　建武3		光明				※室町幕府成立。
1361	正平16　康安	后村上	后光严		为尹		
1362	17　贞治			义诠			为邦（为秀之子）成为二条家为明的养子。
1363	18　2						※世阿弥诞生。
1364	19　3						《新拾遗集》编纂期间，编纂者二条为明病殁，顿阿接续将其完成。
1372	文中　应安5	长庆	后圆融			为秀	顿阿殁。
1386	元中3　至德3	后龟山	后小松	义满			※相国寺竣工。
1392	元中9　明德3						※南北朝合一。
1393	明德4				为之		
1394	应永						※一休诞生。
1397				义持			※北山殿（金阁）落成。

公历	和历	天皇		将军	冷泉家		其他
		大觉院寺统	持明院统		生年	殁年	
1399	6						二条为右死于足利义满之手。御子左家嫡流二条家血统灭绝。但其门流在中世至近世的歌坛上拥有极大势力。顿阿的子孙尧孝及其门弟尧惠等。
1401	8						为尹的三男为持诞生。
1416	23		称光				持为创建下冷泉家，上冷泉为嫡流。上冷泉的菩提寺位于真如堂，下冷泉的菩提寺位于南禅寺。
1417	24					为尹	
1426	33			义量	为富		
1428	正长		后花园				※后花园之父为后崇光院（伏见宫贞成亲王），祖父为荣仁亲王。该伏见宫的皇族血统与现任天皇相连。
1433	永享5			义教			敕撰集《新续古今集》编纂开始。编纂者并非为之，而是飞鸟井雅世。为之因触怒将军足利义教而亡。此敕撰集为最终之作。此后，冷泉家未能担当敕撰集撰者。
1439	11					为之	
1441	嘉吉						※足利义教为赤松满祐暗杀。
1450	宝德2			义政	为广		
1482			后土御门	义尚			※东山殿（银阁）落成。
1486	文明18				为和		
1497	明应6			义澄	为富		
1502	文龟2		后柏原				为广被朝廷敕封为歌道宗家。在后柏原天皇时代，上冷泉家为广，下冷泉家政为与天皇及二条派歌人三条西实隆共同迎来了和歌的繁荣期。
1526	大永6		后奈良	义晴	为广		
1549	天文18			义辉	为和		
1559	永禄2		正亲町		为满		
1561	4						藤原惺窝诞生于下冷泉家。

位于相国寺墓地的藤原定家墓冢

〈关于藤原定家墓冢〉

据江户时代编撰的地方志《京童迹追》《雍州府志》《菟芸泥赴》《都名所车》《都名所图会》等，均有关于藤原定家墓冢的记载，但所记载内容各异。室町幕府第六代将军足利义教的菩提寺普广院（普广院为足利义教的法号，其墓冢位于十念寺）内，建有藤原定家的墓冢并供奉着其灵牌。寺内有称为"定家葛"的藤蔓植物（"葛"为象征藤原定家对于恋人的执著爱情的植物）。

此外，被足利义满亲生儿子足利义持杀害的同父异母之弟，足利义嗣的菩提寺林光院内也有藤原定家的墓冢。现在，藤原定家的墓冢与足利义政、伊藤若冲的墓冢并列于相国寺墓地。据《京都坊目志》记载：明治三十七年（1904）"定家塔"移往"延寿堂"（延寿堂即现在的相国寺墓地）。

总而言之，藤原家定的墓冢位于相国寺内。其理由在于：冷泉家的宅地本来位于相国寺内，墓冢原建于宅地内。当年，普广院创建之际，冷泉家将土地及墓地一同捐献出去了。

治维新之前，吟咏和歌一直是天皇家族的必修课。

有马赖底：虽然历代天皇的"宸翰"，即天皇亲笔撰写的文书保存下来很多，但是较为重要的历史都是以和歌的形式保留了下来。历代冷泉家"传人"亲自还担当天皇所作和歌的"点评"者。因为您冷泉家是和歌的"宗家"嘛。

冷泉贵美子：就是这样。冷泉家被世人称为"和歌之家"，但是更为重要的是，冷泉家一年四季的日常生活还是日本传统习俗活动和仪式的"典范"。这些传统习俗活动和仪式中延续保留着约定俗成的规矩做法，将这些民族传统继承保护下去，也是我们冷泉家的一项极为重要的工作。所谓"上方文化"，即"京城文化"的所有一切都蕴涵在"传统习俗活动和仪式"之中。

换句话说，"传统习俗活动和仪式"就是京城文化的源流，它以"过年"的各种传统活动展开，贯穿春夏秋冬；整个活动和仪式的中心人物是天皇，在天皇家族周围担当辅佐任务的是被称为"公家众"的专职人员，即掌管操持"传统习俗活动和仪式"的专业团队。

这些"公家众"在历史上逐渐形成了一个"专业团队"，专门从事"传统习俗活动和仪式"。这一团队内部都有详细分工，分化成各个"家业"，例如专门负责"皇宫祭祀"之家，教授和服着装方法的"衣纹道"、负责教授宫廷体育活动蹴鞠的"蹴鞠之家"等等。这些精通于某一技能的专业团队代代传承，形成了所谓"家元制"，即"掌门人制"或"传人制"而沿袭至今。

现在，提起"家元制"，一般指"茶道"或"花道"的传人，而实际上先祖如果是某一技能的知名人物的话，其技能代代继承下来而成为某一家族的世袭家业。比如我们冷泉家是日本古代"和歌"泰斗藤原俊成和藤原定家①的后裔，所以理所当然地成为和歌的"传人"。

有马赖底：这么说来，您就是"京城文化"的"宗家"，保存这些无形的文化的责任可谓重大呀！比起保存藤原定家的《明月记》（藤原定家用汉文撰写的日记，为

① 〈藤原俊成、藤原定家〉　藤原俊成（1114—1204）、藤原定家（1162—1241）日本中世（12世纪末至16世纪末——译者注）的"和歌"泰斗。二者都出身于以藤原镰足为家祖的藤原氏族，但是与出身于同一氏族而掌握日本政治实权的"摄关家"（曾担任"摄政"和"关白"的门第——译者注）不同，二者出生于诀别政治的"和歌之家"，即"御子左家"。藤原俊成为《千载和歌集》，其子藤原定家为《新古今和歌集》和《新敕撰和歌集》的撰著者。藤原的嫡子藤原为家编撰了《续后撰和歌集》和《续古今和歌集》，"冷泉家"之称始于其子藤原为相时代。

镰仓时代的重要历史资料——译注）或者阿佛尼[1]的《十六夜日记》要更加花费心血。

藤原定家的墓冢——相国寺与冷泉家

早在室町时代，冷泉家的墓地就在相国寺。相国寺将藤原定家的墓冢保存了下来。

冷泉贵美子：我们冷泉家的祖先藤原定家的墓冢就在您的相国寺内。

有马赖底：对，足利义政、伊藤若冲和藤原定家这三位历史名人的墓冢并排设在一处。当然，本来这三位名人的墓冢都分别设在其他各处，比如藤原定家的墓冢原来就

---

① **阿佛尼（？~1283）** 镰仓时代著名歌人，原为藤原为家的秘书、侧室，藤原为相的生母。藤原为家去世后，阿佛尼与藤原为家发妻之子藤原为氏之间围绕财产继承问题发生了争执，《十六夜日记》就是财产之争诉讼的"副产品"。当时，阿佛尼为了直接向镰仓幕府上诉，不顾60岁高龄，从京都千里迢迢踏上了前往镰仓的旅途。《十六夜日记》就是她当时的旅行纪实。阿佛尼由京城出发前往镰仓的日期为十六日，因此而得名。阿佛尼的墓冢位于与源实朝（1192~1219，镰仓幕府第三代将军，歌人——译者注）有缘的大通寺（现京都市下京区大宫通四冢下）。阿佛尼的绘像及书信流传于世。此外，曾位于京都的日本第一禅寺建仁寺内的供奉"财神爷"的惠美须神社内的岩本社的祭神为"在原业平"（825~880，平成天皇之孙，平安时代初期的贵族，歌人——译者注）。据传说，这尊雕刻祭神像出自阿佛尼之手，系由原位于六波罗寺附近的阿佛尼宅邸迁移而来。从中可知，身为歌人的阿佛尼曾将在原业平作为"歌神"而敬仰。

在我们相国寺旁边的染织试验场内。

冷泉贵美子：是吗？这倒是从来没有听说过。

有马赖底：冷泉家的祖坟原来在染织试验场内，历史资料上有详细的记载。

冷泉贵美子：您说的那是"下冷泉家"①的墓地吧？那是因为冷泉惺窝（1561—1619，冷泉家族中的"下冷泉家"之主冷泉为纯的第三子、日本近世儒学的开创者——译注）先生曾在相国寺参禅修道的缘故吧？

有马赖底：不，更早！这是室町时代的事儿。二条为氏（藤原家始祖藤原定家长子、镰仓时代中期的朝臣、"和歌之家"的"二条家"始祖——译注）曾把这块地赠送给了相国寺。

冷泉贵美子：关于这段历史，我可是一点也不了解。

有马赖底：明治四十一年（1911），京都市为了设立染织试验场而规划土地时，动迁了冷泉家和藤原定家的墓冢。从那时候起，不，应该说从室町时代起，我们相国寺一直护持着冷泉家及藤原定家的墓地。当年建设染织试验场时，曾经进行过考古挖掘，发现了人骨。

---

① **下冷泉家** 从藤原为相下溯三代之孙藤原为伊在世之际开始，冷泉家分为以藤原为之为祖的"上冷泉家"和以藤原持为为祖的"下冷泉家"。现在，"冷泉家"特指"上冷泉家"。出身于下冷泉家的藤原惺窝为日本近世儒学的开创者。藤原惺窝为藤原为纯的第三子，由藤原定家起算，为第十一代子孙。

冷泉贵美子：您讲的这些，我可是一无所知呀！我们冷泉家一直以为藤原定家的墓地位于《百人一首》中吟唱的小仓山，祖祖辈辈加以供奉祭祀。您讲的这段历史事实可是太宝贵了！

有马赖底：过后，我再给您查找一下有关历史文献记载。

冷泉贵美子：那就拜托您了。我想那可能是御子左家①分为二条、京极、冷泉三家时发生的事。当时的"当家"藤原为家的原配夫人生了两个儿子，一个叫为氏，一个叫为教，他们后来分门独立为二条和京极两家。而后，撰写了《和歌集续后》，与天皇家开始了极为密切的接触往来。冷泉家那边，藤原为家的第二个妻子阿佛尼之子，年纪尚幼的冷泉为相做了"当家"，所以势单力薄。但是，二条家早在室町时代就已经丧失了势力，京极家早在京极为兼的时代，也就是镰仓末年就已经断了香火。

因此，所谓"和歌之家"就只剩下了冷泉一家。当时的有关细节不太清楚，根据传闻一分为三家时，二条家内

---

① 〈御子左家〉　御子左家系由出身于藤原氏族北家的藤原道长之子藤原长家时代，分流出来的和歌"宗家"。但是，在藤原俊成及藤原定家的时代，尚未使用这一称呼。"御子左家"这一称呼由来如下：醍醐天皇之子兼明亲王由于"下达臣籍"而改姓为"源"，官居"左大臣"。藤原长家曾居住于兼明亲王早年所居宅邸，故通称为"御子左家"。换言之，"御子左"原为兼明亲王的通称。

《定家图》藤原信实绘

镰仓时代　绢本设色
现存于冷泉家时雨亭文库
尺寸55.1cm×32.0cm
图上部长方形信笺上书有定
家的和歌代表作"十五破
晓秋过半，更惜明月与仲
秋"。

讧不和，所以与相国寺之间的关系越来越亲密。您介绍的这段历史真耐人寻味呀！

有马赖底：当时考古挖掘出来的也许就是二条、京极和冷泉三兄弟的遗骨。

冷泉贵美子：确实是二条家捐赠的吗？

有马赖底：对，根据资料上的记载，的确是由二条家捐赠的。

冷泉贵美子：这段历史对于我们冷泉家来说太重要了！到目前为止，我只是听说江户时代的地方志（参见24页插页说明〈关于藤原定家墓冢〉）上留有类似记载。我们有必要进一步详细调查。

有马赖底：那好，我尽快给您找到有关历史资料。

冷泉贵美子：谢谢！这么说您的相国寺内有不少历史名

人的墓冢啊？

有马赖底：对，刚才提到的足利义政、伊藤若冲的墓冢，还有藤原赖长（1120—1156日本平安后期朝臣、学者——译注）的五轮塔。现在，旅游参拜客人经常来祭祀参拜的是长州藩的墓冢。

冷泉贵美子：这是受电视连续剧《龙马传》的影响吧？

有马赖底：对呀，受坂本龙马（1835—1867，日本明治维新时代的维新志士，倒幕维新运动活动家、思想家。原为土佐藩乡士，后来两度脱藩而成为维新志士，为促成萨摩及长州二藩成立军事同盟的重要推手之一——译注）这个著名历史人物的影响。

冷泉贵美子：也有萨摩藩的墓冢吗？

有马赖底：有啊。萨摩藩

阿佛尼绘像
现存于冷泉家时雨亭文库

和长州藩本来是冤家对头，在"蛤御门"即 "禁门之变"中打得不可开交，但是最后走到了一起，实现了"萨长联合"，这都是坂本龙马的功劳。

冷泉贵美子：您刚才说，这两个藩的墓地友好和睦地并存在相国寺内？

有马赖底：对，我们相国寺把两个藩的墓冢完好地保存了下来。您冷泉家把"和歌"的传统，以及先祖藤原俊成和藤原定家的家业世世代代地保存了下来，这也非同小可呀！

冷泉贵美子：那倒是。世世代代历尽千辛万苦，总算把祖业，把日本文化的传统完整地保存了下来。但是幸运的是，我们冷泉家内部的人际关系并不像外界推测的那样复杂。冷泉家比较开放，外国人也可以自由地进出。

战后不久的昭和二十年代后期，即20世纪60年代，钢琴家沃尔特·诺威治曾来我们冷泉家学习日语。他平易近人、为人豪爽。当时，我们家养的狗把他穿的皮鞋咬破了，家母吓慌了手脚，想买一双新鞋赔给人家。可是找遍了好多家鞋店都没有30公分尺码的皮鞋，无奈只得送到修鞋店给修好了。

有马赖底：我也知道沃尔特·诺威治这个人。他当年到过我们相国寺"塔头"寺院林光寺，拜后藤瑞严禅师参禅修道，钢琴弹得也是一流的。他离开日本回美国以后，在缅因州一边教授钢琴，一边弘扬禅宗宗旨，为禅宗在美国的传播做出了积极的贡献。

冷泉贵美子：他现在还在世吗？

有马赖底：没有收到过他的讣告，如果在世的话，也该有一百多岁了。

冷泉贵美子：还有一位叫休伯鲁·德路特的法国人。

有马赖底：对，他也很了不起。他曾经把《大藏经》译成法文，现在还健在。前年，就是2008年，我们相国寺在法国巴黎市美术馆举办"禅宗文化展"时，还见到了他。我和他用日语聊了半天，他的日语讲得比我还标准。

冷泉贵美子：听您这么一介绍，我觉得您的相国寺可以称得上国际交流的大舞台了！

有马赖底：对，我们相国寺今后也还要坚持继续走这条国际友好交流之路。

冷泉贵美子：今后，我们冷泉家也要通过"和歌"以及各种"传统习俗活动和仪式"，继续发扬和保护传统文化。此外，我们还要不断开放门户，使越来越多的外国人对日本的传统文化产生兴趣，使"和歌之家"成为对外弘扬日本传统文化之"家"。

2008年10月16日～12月14日在法国巴黎市美术馆举办了"相国寺、金阁寺、银阁寺珍宝展"

茶道里千家第十五代传人千玄室献茶。

有马赖底老师在开幕式上礼佛。

图为伊藤若冲所绘《释迦三尊像》等珍贵文物展览会场内景。

时雨亭文库——冷泉家的诸神

所谓"时雨亭"系位于小仓山的藤原定家的别墅的异称。一般来说，冷泉家取其祖先别墅异称，将世代流传下来的"家宝"称为"时雨亭文库"。而对于冷泉家来说，所有世代流传下来的历史资料和文物，与先祖同为冷泉家之"神"。所以，冷泉家之"神"镇坐的"库藏"即等同于"神社"，冷泉家历代之主即为"神主"。唯有冷泉家的"神主"才有资格在净身之后进入"库藏"之内。

1981年，冷泉家发起成立了"财团法人冷泉家时雨亭文库"。文库内主要保存着与和歌有关的历史资料和文物。其中包括藤原俊成手书《古来风体抄》，以及藤原定家手书《古今和歌集》及《明月记》等国宝或重要文物共两万余件。

该"文库"理事长为现任冷泉家之主冷泉为人，即冷泉贵美子的丈夫。冷泉贵美子本人担任该"文库"常务理事及事务局长。

有马赖底
与
观世清和
对谈

观世清和

1959年生于东京,现为"能""观世流"第26代宗家。4岁时首次登上舞台,演出《老松》。由于其父第25代掌门人观世左近蘧然去世,观世清和于1990年继承父业。多年来,为恢复历代"宗家"传承下来的"世阿弥手书本"中的传统剧目,倾注了非同寻常的热情和心血。恢复《箱崎》剧目之际,他曾亲自前往九州的筥崎八幡宫进行实地采访和调查,并对传统道具服饰做了革新和改良。此外,曾与著名歌舞伎演员坂东玉三郎合作,运用"能"与"京舞"共同演出了传统剧目《葵上》。多年来,为能使"能"这一日本传统表演艺术走向一般民众、走进现代社会,他进行了各种各样有益的尝试,付出了大量的心血。近年来,致力于开拓"老妇"角色的新天地。

相国寺观音忏法与能的起源

——禅与能的美学

　　相国寺规模最大的法会"观音忏法"，既是佛教的法事活动，又是日本传统表演艺术的源流。令人不可思议的是，其中的渊源关系完整地体现在"能"的传统剧目《朝长》之中。

　　相国寺有马赖底老师与"能"观世流宗家——观世清和先生畅谈相国寺与"能"的深远而密切的关系。

　　日本江户时代中期京都画坛泰斗、与相国寺因缘殊胜的伊藤若冲毕生的创作生活也是来源于"观音忏法"。

相国寺与观世流——"能"与幕府将军的邂逅

音阿弥将幕府将军足利义政每次参加"观音忏法"时穿过的袈裟，缝制改装为演出"能"《朝长》的道具衣着，一直传承使用至今。

——观世清和

主持人： 今天，承蒙二位在百忙之中拨冗惠赐宝贵时间，谢谢二位！

有马赖底： 哪里，哪里！我最近可是闲得无事可做（笑），有什么问题请您尽管问吧！

主持人： 今天的主题是，相国寺管长有马赖底长老与第26代观世流宗家观世清和先生的对谈。我们打算由相国寺与观世流的深远渊源关系进入话题。首先，我想请二位介绍一下相国寺第83代住持景徐周麟（宜竹）的有关情况。

竹屋町菱蜻蛉法被（局部）
摄影 林义胜

有马赖底： 景徐周麟（1440～1518，临济宗相国寺派禅僧）为足利义政（1436～1490，室町幕府第八代将军，创建了银阁寺，为"东山文化"的奠基者——译注）的智囊之一。说起足利义政的学问之师，最为知名的当推横川景三（1429～1493，临济宗相国寺派禅僧，足利义政的外交和文艺顾问）。景徐周麟是与横川景三齐名的禅僧。

观世清和： 宜竹的语录诗文集《翰林葫芦集》中收载着有关我们观世家先祖的内容，即先祖为《观世小次郎信光画像》题写的"赞语"①。

有马赖底： 自古以来，观世家与相国寺的僧人互相往来十分频繁。首先，创建了相国寺的室町幕府将军足利义满与观阿弥、世阿弥②父子相逢于今熊野神社，这是"能"与幕府将军交往之始。当时，足利义满将军十分宠爱世

---

① 《观世小次郎信光画像》赞语　信光（1435—1516）为音阿弥的第七子，为能乐表演配乐的"腰鼓"打击乐名人，同时擅长大鼓打击乐，以及能乐主角和配角。平素与相国寺住持景徐周麟（宜竹）过从甚密。"赞语"由"信光为音阿弥七子"起笔，写道"信光素为普广院（足利义教）慈照院（足利义政）宠爱。由于精于腰鼓打击乐，后花园上皇特赏赐手扇一把"。然后，景徐周麟（宜竹）为了将传至信光一代的家史更好地传予下一代，详细地记述了"观世家"的历史。论述"能"的历史之际，景徐周麟（宜竹）撰写的这段"赞语"必不可缺。信光的代表作有《船弁庆》、《红叶狩》等豪华曲目。此外表现了"草木国土悉皆成佛"思想的《游行柳》也是信光的作品。

② 观阿弥、世阿弥　观阿弥（1333—1384）本名为观世三郎清次。世阿弥（1363—1443）本名为观世三郎元清。观阿弥与世阿弥父子在位于京都的熊野神社上演《翁》之际与足利义满将军邂逅。当时，足利义满为世阿弥的优雅的演技所倾倒，从此一直倍加宠爱。

阿弥。

观世清和：有马赖底讲的极是。先祖与足利义满将军的相逢不仅是我们观世家家业的起点，也是"能"的出发点。我刚才提到的宜竹的"画像赞语"中也涉及了"能"的起源。

有马赖底：世界上的事情就是如此不可思议呀！

观世清和：这就是所谓缘分吧？！

有马赖底：景徐周麟是当时超一流的学者，虽说是应信光之请，但是如果不是意识到有必要永久保存下去的话，可能不会写得如此详细吧？信光是敲大鼓的名家，足利义满将军不仅对他十分感兴趣，还特别欣赏信光的父亲音阿弥①的表演才华。

观世清和：您说的完全正确，咱们的话题又回到了音阿弥身上。刚才我提到，足利义满将军每次参加"观音忏法"时穿着的袈裟，我们先祖音阿弥都拜领下来，改制成"法被"（全称为"竹屋町菱蜻蜓单法被"）在《朝

---

① **音阿弥**（1398—1467），世阿弥的外甥，通称为"三郎"，曾过继为世阿弥的养子。早在足利义教升为将军之前，音阿弥就已经受到其宠爱。世阿弥之子元雅夭折的翌年，音阿弥就任"观世大夫"，即"观世流"的"宗家"。音阿弥的表演艺术风格与世阿弥和元雅父子不同，作为当时的"超级明星"蜚声一世。世传没有留下自身创作的曲目，具体真伪有待辨明。

长》①，剧目中使用。

有马赖底：说来话长啊，一转眼就是五百年了。

观世清和：就是呀！"相国寺创建六百年纪念法会"之际（1997年），承蒙您盛邀，我穿着当年的"法被"，在金阁寺的法堂里奉献了"能"的传统剧目《朝长》。

有马赖底：真不简单呀！竟然完整地保存了五百多年。

观世清和：剧目的名字称为《朝长》，而实际上是"忏法"的"小书"（特殊演出剧目）。"忏法"的"小书"为"一子相传"，也就是说只传给传人一人。

有马赖底：您讲到的"法被"，当时在舞台上表演时根本没有看出来。五百多年前的服饰，磨损得越来越厉害了吧？

观世清和：对，每次使用过后，都要加以修补。即使这样精心保管，由于年代久远，在舞台上每次抖动，金丝还是会一根根地往下掉。

有马赖底：是吗？那么贵重的衣物保存起来的确是不

---

① 《朝长》 该曲目主角，美浓青墓旅店（娼妓旅店）一位名叫"长"的女人，在源朝长的墓前，向配角的清凉寺僧侣讲述朝长凄惨的临终场面。僧侣遂向女人建言，为了祭奠亡灵应该做"观音忏法"。这时，扮演后台配角的朝长出现在前台，讲述了自杀的经过，以及其父义朝、其兄义平、其弟赖朝的不幸遭遇，并向祭奠供养自己一家的女人表示谢意。

《朝长》
在"小书",即特别演出剧目《忏法》中,主角(朝长的亡灵)伴随着鼓声登场。

竹屋町菱蜻蛉法被
室町幕府第八代将军足利义政参加"观音忏法"时穿着的袈裟,被下赐给音阿弥,后将其缝改为"法被"。每逢上演《朝长》中的"小书",即特别演出剧目时,只有"宗家"才可以穿用"法被"演出。(摄影 林义胜)

容易呀！上次，您就是穿着这件经过重新缝制的五百多年前的"能"的道具服饰，也就是从义政将军手中拜领的袈裟在相国寺的法堂里为我们做了表演，这可真是一段奇缘呐！

我还清楚地记得当时舞台现场那难以形容的气氛。法堂原本是举行佛事活动的场所，但是在那里表演"能"却毫无不协调的感觉，现场观众的反响也非常强烈。

观世清和：法堂的气氛的确和能乐堂不同，我一边演出一边感觉仿佛是在供养"朝长"。

有马赖底：您说得有道理，因为是在本尊佛前面表演嘛！换句话说，因为那是化身成佛在演出嘛！另外，那天的大鼓敲得也非常壮观，是小寺佐七敲的吧？

观世清和：对，就是他。

有马赖底：那鼓声响过，余音绕梁之际，冷不丁又是一声鼓声，真让人摸不准鼓声的间隔（笑），那才叫"忏法大鼓"呢！

观世清和：我们"观世流"的大鼓，完全是模仿您相国寺"观音忏法"的击鼓方法。当然，您一听可能马上就会觉察这鼓声可是不太对劲儿，我们是在力图营造出来那么一个现场气氛。

有马赖底：当然现场气氛十足，鼓声的间隔掌握得妙极了。

观世清和：我们是在极力模仿和接近相国寺的原创击鼓法。

有马赖底：我们相国寺的"观音忏法"是一个迎接观世音菩萨和忏悔一年间的恶业的仪式，正式名称为"请观世音菩萨消伏毒害陀罗尼三昧仪"，名称不短吧（笑）？

观世清和：也就是说，先奉迎观世音菩萨，然后再面向观世音菩萨忏悔吧？

有马赖底：对，迎请仪式时敲击的乐器，用现代语言来说就是铜钹，这铜钹和大鼓是主角儿。"忏法大鼓"不是"打鼓"，而是"撞鼓"，所以鼓声特别沉闷。"能"的传统剧目《朝长》的大鼓击鼓法，在您的"观世流"中属于秘传吧？

观世清和：对，由于历代秘传，所以继承和保持了过去的传统。

有马赖底：小寺佐七的父亲，上一代传人小寺俊三也是一位虚心好学的艺人。当年，他曾连续三年参加过我们相国寺的"观音忏法"这一佛事活动，他的击鼓间隔也掌

音阿弥拜领幕府将军足利义政每次参加"观音忏法"时穿着过的袈裟后，将其缝制改装为演出"能"——《朝长》的道具衣着，一直传承使用至今。

——观世清和

握得特别好。

"观音忏法"与室町幕府将军——六月十八日、"室町御所"

"观音忏法"并非只对《朝长》这一出剧目产生了极大的影响，而且对世阿弥的"能"这一表演艺术也产生了巨大的影响。

——观世清和

有马赖底：在历史上，"观音忏法"这一佛事活动要持续一整天。对了，关于"观音忏法"在相国寺兴起的历史渊源，景徐周麟在《鹿苑日录》（卷三，明应八年〈1499年5月16日〉）中有所记述。由于这项佛事活动的主角是观音菩萨，所以理应在观音菩萨的成道之日六月十八日举行，为什么相国寺要放在前一天的十七日呢？这是因为，自古以来规定六月十八日必须在位于室町御所内的"内佛殿"举行该项佛事活动，所以相国寺在前一天的六月十七日举行的是"彩排预演"（笑）。

观世清和：这么说来，"观音忏法"首先是为幕府将军举行的呀！

有马赖底：就是这样，从相国寺的创建者，室町幕府第三代将军足利义满时代起，历代将军都皈依"观音忏法"。第四代足利义持①甚至一直参加前一天在相国寺举行的"彩排预演"（笑）。

观世清和：那也就是说，足利义持将军每年"忏悔"两次呀（笑）？

有马赖底：（笑）我想当年足利义持将军是想亲自检查一下"彩排预演"的成果，即是出于"事前检查"的目的而参加的吧？瑞溪周凤（1391～1473，室町时代中期临济宗相国寺派僧侣，深得室町幕府第八代将军足利义政的皈依和信任——译注）的日记《卧云日件录》中有一段十分有趣的记载：当年，相国寺第31代住持诚中中款和尚在"观音忏法"上宣读"表白文"时，漏读了一个"八"字，足利义持将军觉察到了这一差错，叮嘱诚中和尚明天一定不要再次出现漏读现象（应永三十一年〈1424年4月〉）。

观世清和：这可是一件不可疏忽的大事呀！

有马赖底：不过，诚中和尚的确不愧为一位"梵呗"高手。应永三十二年（1425）四月，后圆融天皇（1358～1393）去世33周年祭奠法会时，诚中和尚应邀前往"仙洞御所"，担当法会导师。据说，诚中和尚那绝妙

---

① **足利义持**（1386—1428），室町幕府第四代将军，其父为义满，其母为醍醐三宝院坊官之女藤原庆子。因为不满足利义满对于同父异母之弟义嗣的偏爱，而将其杀害，将自己的亲生儿子义量立为将军，两年后夭折。其后，无后而终。

的诵经旋律曾打动了出席法会的后小松天皇。当时，恰值少年时代的世阿弥一直随从足利义满将军，所以一定自始至终亲眼目睹了这场"超级水平"的"博弈"吧？

　　观世清和：的确如此，我认为您相国寺的"观音忏法"并非只对《朝长》这一出剧目产生了极大的影响，而且对世阿弥的"能"这一表演艺术也产生了巨大的影响。

　　有马赖底：我和您同感。"梵呗"是佛教"声明"的一种，而"声明"与"能"的"谣曲"十分接近。

　　观世清和：您说得对！的确是这样的。

　　有马赖底：相国寺的"观音忏法"这一佛事活动原来一直在山门举行，后来山门毁于"天明大火"，就改在法堂了。

　　观世清和：原来是这样啊，我们能够在法堂观音菩萨

相国寺"观音忏法"

面前表演真是太荣幸了呀!

　　有马赖底：但是其后又改在方丈室了，具体理由至今
也搞不太清楚。

"观音忏法"与伊藤若冲所绘《释迦三尊像》和《动植彩绘》

伊藤若冲的《动植彩绘》生动地表现了世间万物生灵悉皆
成佛的思想理念。

　　观世清和：说到江户时代的"观音忏法"，不能不涉
及江户时代中期京都画坛泰斗伊藤若冲。

　　有马赖底：的确如此。

　　观世清和：伊藤若冲的佛画自不待言，他绘制的《动
植彩绘》更加深刻地表现了其自身皈依佛门的虔诚信念。

　　有马赖底：伊藤若冲创作的《动植彩绘》，栩栩如
生地表现了这个世界上的万物生灵都可以成佛这一思想理
念。令人遗憾的是，《动植彩绘》如今已经归于皇室所
有。

　　伊藤若冲使用浓彩绘制的花、草木、鸡、蛙、蝶、
鱼、贝等，被誉为超越了写实范围的"写实"作品，素为
历代画坛大家赞誉。当年，伊藤若冲怀着同样的虔诚之心

一共绘制了三十幅，与"三观音"合在一起共三十三幅，这个数字与观音菩萨的"三十三身"吻合。

观世清和：哦，原来是这个寓意呀？！我认为伊藤若冲不仅仅是一位画家，还是一位宗教家，或者可以称为"画僧"，与东福寺的兆殿司明兆（1352～1431，室町时代初期著名画僧——译注）齐名。

有马赖底：对，这样评价伊藤若冲并不为过。伊藤若冲当年不是为了维持生计而创作，而是随心所欲地从事创作活动。所以与其说伊藤若冲属于专业画家，不如说是满怀业余创作精神而描绘自己喜好的对象。我认为，他的创作动力就是一颗火热而虔诚的宗教之心。

观世清和：《动植彩绘》是特意为"观音忏法"创作的吗？

有马赖底：我认为是这样的。江户中期的明和七年（1769）六月十七日举行的"观音忏法"之际，首次悬挂了三幅《释迦三尊像》和三十幅《动植彩绘》，地点是方丈室。

观世清和：这样看起来，艺术和宗教的确是互相关联而不可分割呀！

有马赖底：基于这个观点，"能"也是如此。当年，世阿弥曾经多次亲临相国寺，观摩"观音忏法"。

观世清和：对，就是呀！

《南天雄鸡图》（《动植彩绘》中一幅）

伊藤若冲 绘 挂轴一幅 绢本设色 142.6cm×79.9cm

有马赖底：在这个基础之上，世阿弥创作出了大量的"能"的曲目。我经常想，世阿弥创作的曲目总是以"幸福圆满"为结局。

观世清和：对！世阿弥创作的曲目大多是描写僧侣拯救陷于激烈战场上的世俗之人，即所谓"拯救剧"。在剧情中，世阿弥首先使剧中主人公陷入水深火热之中，然后以倒叙的手法，再现主人公曾经经历过的"瞬间的辉煌"，借此提高主人公整个人物形象的感人之处。

刚才您也提到，世阿弥的创作风格可能与他的经历有直接关系。他曾多次伴随足利义满将军观摩"观音忏法"，这一体验对他的曲目创作起到了很大的影响作用。

到了足利义满之子义持的时代，世阿弥开始参禅修道。虽然少年时代的世阿弥由于"英俊而富有才华"，受到足利义满将军的宠爱，但是他深知如果想要深刻地理解和把握足利义满将军的胸怀，就必须参禅修道。这也反映了世阿弥作为一个职业演员的市场经济理念。

伊藤若冲怀着同样的虔诚之心一共绘制了三十幅《动植彩绘》，与"三观音"合在一起共三十三幅，这个数字与观音菩萨的"三十三身"吻合。

——有马赖底

《丹后狂人》与"街头表演艺术"——"天桥立"与"文殊堂"

"佛陀之子"又被佛陀拯救，一出剧情感人的"救世剧"。

有马赖底：上次欣赏的您表演的《丹后狂人》也是世阿弥的作品吧？

观世清和：原作者是与世阿弥上一辈的观阿弥同一时代的井阿弥，但是其中最为重要的表演特征则完整地体现了世阿弥的本来面目，所以也可以说是世阿弥的佳作。

有马赖底：这出《丹后狂人》的剧情安排得体，尤其令人感慨不禁的是"佛陀之子"最后又被佛陀拯救，不仅有少年，就连少年的父亲也得以拯救，真不愧为一出活生生的"救世剧"。并且又是在"文殊堂"这一特殊舞台上表演的，所以更加令人遐想无限。

观世清和：这出《丹后狂人》的剧情是这样的：丹后地方的白丝浜之领主岩井殿久未得子，于是前往位于天桥立（日本"三景"之一——译注）的文殊堂向文殊菩萨祈祷，因祈祷灵验而得子，这就是《丹后狂人》的主人公"花松"。岩井殿为了让儿子早日成才，将花松送进了成相寺参学修行。

有一天，为了了解儿子的参学修行进展现状，岩井殿将花松召回家中询问道："儿子，怎么样？学业有什么进展？"用我们现代的流行语来讲，岩井殿就是一位"教育爸爸"（笑）。

有马赖底：就是呀！堪称模范"教育爸爸"。

复活能曲《丹后狂人》
被其父逐出家门的赤松，前往位于九州的英彦山修行。其后成长为出色的僧侣返回故乡丹后，与其父重逢。
主角：观世清和，童角：观世三郎太
摄影：濑野雅树

观世清和：花松参学努力刻苦，可以背诵下来和歌《八代集》，以及大部分佛教经典。虽然唯独《法华经》的《法师品》和内典《俱舍论》中的七卷还没能背诵下来，但这已经可以说成果非凡了。问题出在陪同花松一起回家的僧人身上。这位僧人当着岩井殿的面多嘴地说了一句："您家公子不仅参学成果显著，而且'簸和八拨'都练得非常好。"花松的父亲一听到"簸和八拨"这几个字，顿时火冒三丈地怒吼道："你有练习'簸和八拨'那闲工夫，为什么不抓紧给我背《法师品》和《俱舍论》呢？"也可能是前一天饮酒过量的缘故，岩井殿忘形地向儿子大发雷霆。

有马赖底：您说的这"簸"和"八拨"都是"能"中经常使用的乐器吧？

观世清和：对，《自然居士》、《花月》、《放下僧》、《望月》等有名的曲目中也经常使用。

有马赖底："簸"和"八拨"在当时特别流行啊！

观世清和：对，所以花松的父亲才格外生气。实际上真相是这样的，当时花松的同学们都热衷于摆弄"簸"和"八拨"，用现在的语言来讲，就是组织了一个"摇滚乐队"。同学们多次劝诱花松："你不能每天光用功，咱们在一起玩玩'簸'，敲敲'羯鼓'多好。"于是，花松就和这群"摇滚乐队"的同学们练了起来。没想到他的悟性极高，干什么像什么，没费吹灰之力就学会了。

原来他是一边学习，一边听同学们在一旁摆弄这些乐器时记住的。确切地说，不是用心地去听，而是无意中听到，然后记在心里的（笑）。

有马赖底：而且花松比其他同学还出色。说到底，他是一边参学修行，一边掌握了这种"街头表演艺术"，堪称才艺双全呀！

观世清和：但是，由于父亲为此和他脱离了父子关系，花松少年倍感自身的可悲境地，最后跳入丹波海中寻短见了。

有马赖底：后来，花松万幸地被筑紫的一位壮年男子救起，然后送进了英彦山（日本古代"修验道"的修行者习武修身的三大名山之一——译注）修行。十五六岁以后，花松少年学有所成。为了寻找一直惦挂在心的父母，他作为"讲经师"到了位于丹后地方的文殊堂。

花松在剧中的讲经场面真是感人至深。扮演少年花松的三郎太就是您的亲儿子吧？这个角色安排得太妙了！剧中父子相见的场面，栩栩如生地展现了父子的手足亲情啊！

最后的那个场面尤为感人。失去了亲生爱子而精神错乱成了"狂人"的父亲，赶来聆听身为"讲经师"的儿子讲经。父子终于久别重逢，迎来幸福大团圆。

上次，能够在那个具有历史意义的场所观赏您父子同台表演，真是难得呀！演出过后，我一个人信步走在天桥立的白沙滩上，脑海里不禁浮出这样一个念头：当年，足利义满将军可能也和您的先祖世阿弥一起在这里散过步吧？

观世清和：据说足利义满将军特别喜欢天桥立的景色，生前曾来过五六次，而且每次都由世阿弥和观阿弥父子二人陪同。我经常暗自揣测：足利义满将军一行在天桥立散步途中，一定途经了文殊堂，世阿弥父子共同在那里为足利义满将军表演了《丹后狂人》。

有马赖底：您想得有道理。世阿弥父子一定是按照足利义满将军的愿望，在具有历史意义的文殊堂还原了剧中描述的故事。

禅与足利将军——"甚为欣快"

"观音忏法"中蕴含着"能"的起源，而禅的仪式中可以窥见"能"的招式。

有马赖底：一提到"能"，人们往往望而却步。这可能是因为"能"的"词章"，即剧情内容过于深奥的缘故。不过，室町时代的"能"可是特别时髦，撩人神往啊！

据义堂周信（1325—1388，室町时代中期，即足利义满时代的临济宗僧侣，为代表五山文学的著名学问僧——译注）的日记《空华日用工夫略集》记载，足利义满将军对待禅的姿态异常得体，曾经由义堂周信禅师手把手地亲授禅的奥妙。

皈依禅宗，必须举行相关的仪式，在法堂上说法时须要做出一些相应的动作，比如，甩动拂尘，或用锡杖敲击地面等。这些动作看上去十分美妙，足利义满将军不禁为之心驰神往，曾经十分赞赏地表露道："甚为欣快！"当时，刚刚十六七岁的足利义满为禅的仪式所吸引，进而步入了禅门。

《空华日用工夫略集》中还记载了这样一段有趣的佳话。当年，在西芳寺，就是现在通称的"苔寺"足利义满将军主持举办了"连歌"（日本传统的"对仗诗歌"——译注）会。连歌会在位于前院的方丈室进行到了高潮，而足利义满将军和西芳寺的义堂和尚却在后院的"指东庵"，一对一地打起坐来。当二人即将结束坐禅之际，只听由方丈室传来"喔"的一声大吼，这意味着连歌会进入了评选和决定优胜者的阶段了。按照常理，身为连歌会主持人的足利义满将军应该前往会场出头露面，但是他却对义堂和尚说："来，再重头坐一次吧！"于是，二人返回庵中又重新坐到天明。

也许是义堂和尚指教有方，足利义满将军最初坐禅时总是追求形似，讲究外观形象，但是后来逐渐地步入了正轨，开始真正深入禅的深邃世界。

正如您刚才提到的那样，足利义满将军之子义持承袭父业，同时热心皈依禅宗，开始了正式的禅修生活，因此影响并培养了世阿弥的禅学素养。

所以，可以说室町时代的"能"十分绚丽多彩（笑）。

观世清和：事实的确如此，《申乐谈仪》[1]中也多处提到，比如顺应拍子的绝妙时机等，就如同禅师用锡杖击地的动作。我们从"观音忏法"中可以看到"能"的发源根基，从"能"的表演艺术中可以看到禅宗仪式的招式。所以，在义满将军的眼里，"能"是一门具有优美的造型感的艺术。

我们"观世流"上一代掌门人，即家父的口头禅是："要是没有新意和风趣的话，就不能称其为'能'。"每当家父看到笨手笨脚而不得要领的弟子时，就经常用这句

---

① 《申乐谈仪》 能乐秘本。正式名称为《世子六十以后申乐谈仪》，系世阿弥的次子元能将其父六十岁前后的有关能乐艺术理论汇集而成。其中包括有关"高桥殿"的记述。"高桥殿"为足利义满最为宠爱的女性，其出身不明。足利义满去世后，她手中仍然保持着极大的权利。《申乐谈仪》中记述"高桥殿"原为东洞院的名为"倾城"的艺妓，足利义满的学识教养借重"高桥殿"这一才女之处颇多。

话来鞭策门人。

我认为家父的这句口头禅寓意深远。这是在告诫我们"观世流"的子孙：不能仅仅满足于装潢门面的几朵所谓"奇花异葩"，作为"观世流"门人，应该吸收室町时代的能量来不断地填补自己的创作表演空间。

有马赖底：有道理！只有在这个基础上才能够创造出新颖而风趣的奇花异葩。

观世清和：此外，一个优秀的"能"演员还必须具有一副健壮的体魄，以及良好的运动神经。

有马赖底：哦，是这样啊！

观世清和：对，我们观世家祖祖辈辈都鼓励锻炼体魄，比如夏天游泳、冬天滑雪。

有马赖底：滑雪也是一项好运动啊！

观世清和：但是，在普通的艺术世家一般对此并不赞成，生怕锻炼造成伤病，或晒黑皮肤。家父生前经常提醒我们："多活动身体，要灵活有力！"这是因为台下排练和台上演出都需要大量的体力，不然是不可能身披沉重的服饰道具，面带密封的面具，在舞台上站立表演一两个小时的。

有马赖底：要靠体力较量胜负呀！

观世清和：对！室町时代也好，现代也罢，即使超越时空，道理也同出一辙。为了达到感人肺腑的艺术效果，就必须要尽心竭力。先祖世阿弥在《风姿花传》①中留有这样一句家训："宜勤学苦练，勿固执己见！"身为"能"艺人，只有平素在台下不断地严格锤炼自己，才能够在台上为广大观众奉献出喜闻乐见的优秀剧目。

敌友双方同聚一堂——从"赤松"到"有马"

"嘉吉之乱"之后，日本历史发生了巨变。

有马赖底：到了足利义教将军的时代，世阿弥怀才不遇，时运不佳啊！

观世清和：对，足利义教将军将宠爱的对象转向了世阿弥的外甥音阿弥。

有马赖底：这期间发生了"嘉吉之乱"（1441年6月），足利义教将军被刺杀了。

观世清和：对，事件发生在音阿弥正在上演《鹈羽》这出庆祝天皇之祖诞生曲目的现场。

有马赖底：赤松满祐（室町时代中期武将，播磨国备前美作国守护——译注）邀请足利义教将军前来京都的府

---

① 《风姿花传》 能乐理论书籍，系世阿弥将从其父观阿弥处所学理论知识汇集而成。序言中严禁女色、赌博、酗酒，并告诫："宜勤学苦练，勿固执己见！"世阿弥借此警示门人：一定不可忽视台下刻苦练习，切勿由懒散之心滋生傲慢愚顽之念。

邸观赏演出，借机在府邸内将其刺杀了。

赤松满祐是我们有马家族的先祖。当年，足利义教将军性格残暴专断，成为世人怨恨之矢，民愤日增，结果被我们有马家族的先祖给刺杀了。

观世清和：相国寺是幕府将军足利氏族的寺院。所以从这个角度来看，由暗杀了足利义教的赤松满祐的后裔，也就是您来掌管保护相国寺，真是意义非凡、发人深省呀！

有马赖底：这就是缘分（笑）！

观世清和：那么，"有马"这个姓是什么时候开始启用的呢？

有马赖底：当时，由于对足利义教将军怨声载道，所

以四周并没有什么异议。但是，足利义教毕竟是幕府的将军，所以不可等闲视之。事后，赤松满祐从京城逃往自己的领地播磨国，室町幕府派遣了以山名持丰为大将的讨伐大军一路追讨。两军在有马（温泉）附近相互遭遇了。山名持丰诘问道："赤松！你今后究竟作何打算？"我们有马家先祖答道："我今后舍去赤松家姓，用本地'有马'这一地名为姓。"从那儿以后，一直沿袭至今。

观世清和：原来其中还有这么一段耐人寻味的历史呀！

有马赖底："嘉吉之乱"以后，日本历史发生了极大的变化，即迎来了所谓"下剋上"（臣下借用自身的武装实力推翻君主，夺取其统治地位——译注）的时代。

不过说起"敌友"关系，京都大学的印度学权威足利惇氏先生的夫人有马澄子就是我们有马氏族的后裔，历史上冤家对头的后裔反倒结成了联姻关系（笑）。

说来话长，前些天我去了一趟小时候修行生活过的大分县日田市，参加了一个"植树造林贤人会议"。在会场上，看到了历史上曾经是冤家对头的两位出席者坐在一起谈笑风生。他们是京都圣护院的宫城泰年和英彦山的宫司高千穗秀敏。在江户时代，这两家之间曾发生了争夺"修验道"本家之战。

《丹后狂人》中的主人公花松少年修行之地就是英彦

山。室町时代，英彦山被称为"修验道"的大本营，不少信众甚至从京城赶往英彦山修炼。所以，《丹后狂人》中出现了英彦山，英彦山可以说是九州一带的圣地。

世阿弥与九州
——北朝的天皇酷爱"能"

"能"被誉为日本传统艺能之首，应该努力使"能"更加为广大民众喜闻乐见。

观世清和：世阿弥与九州有很深的缘分，以九州为舞台创作的能曲作品不少，例如《箱崎》、《砧》、《老松》、《高砂》、《松浦》等等。这些世阿弥的代表作品都与九州有着不可分割的渊源关系。

有马赖底：如果走海路，从京都北部的丹后半岛径直就可以到达九州的博多地区，如果走陆路的话稍微远一些。我想，世阿弥大概从若狭方向去过九州。

当时，有不少织布商人从博多来到了丹后地区，所以至今丹后地区的"皱绸"依然十分有名。丹后地区的"绫部"这一地名也带有浓厚的时代色彩。博多的织布商人的足迹曾经遍及若狭、越前乃至加州（今石川县）一带。所以瓷器的"有田烧"与"九谷"相互关联，过去它们曾经是一家人。经由濑户内海流入京都的陶瓷称为"濑户物"，由丹后半岛方面，即由日本海方面传来的瓷器称为"唐津物"。

历史上，京都的丹后地区与九州的博多地区的往来曾经相当频繁。所以《丹后狂人》中，赤松少年被九州筑紫地区的一位壮年男子救了一条命的剧情，没有任何有悖情理的地方。

九州肥后地区的细川家族与"能"的历史渊源深远。曾为细川藩之长的松井家族一直传承着"能"的"金春流"。松井家所属的松井文库中至今保存着大量与"能"相关的文献资料。松井文库方面曾经和我们相国寺承天阁美术馆商议过举办有关展览的事宜。

刚才听到您的有关信光的"画像赞"的介绍，使我深感相国寺与观世家深远的历史渊源关系。如果将来有机会，一定争取以观世家的这段历史为背景，把能面、装束、古文献等串联结合起来，在我们相国寺承天阁美术馆举办一次专题展览。

观世清和：您这真是一个好主意，但是说起来我们观世家的先祖属于南朝（1336—1392，南北朝为日本历史上同时出现两个天皇的时代，以南朝天皇为正统——译注）。

有马赖底：我们相国寺可是属于北朝呀！但是北朝

的后小松天皇酷爱"能"。他曾经于应永十五年（1408）在鹿苑寺举行的"三船三席会"①上请犬王道阿弥表演了"能"。

观世清和：对！当年近江的"猿乐"（诞生于平安时代的日本传统艺能。江户时代之前，"能"一直被称为"猿乐"。明治时代以后，"猿乐"与"狂言"统称为"能乐"——译注）的犬王道阿弥在鹿苑寺演出了"能"，所以世阿弥与犬王道阿弥同台表演的可能性很大。

有马赖底：当时，足利义满将军邀请后小松天皇前来观赏了演出。天皇出席这样的演出活动为有史以来的首次，堪称历史性的瞬间。

我认为"能"这一艺术表演形式，在历史上为天皇、将军乃至达官贵人、庶民百姓等各个阶层所容纳接受，占据了日本传统艺能的首位。今后应该更加努力地使其成为广大民众喜闻乐见的艺术表演形式，而不可将其束之高阁。

观世清和：对！我们应该向着高雅而风趣的方向不断努力。平成二十五年（2013）为世阿弥诞生650周年。我们

---

① **三船三席之会** 应永十五年（1408），足利义满在北山府邸，即现在的金阁寺举办的盛宴。所谓"三船三席"即表演诗歌和管弦乐之席。席间，近江"猿乐"名家犬王道阿弥表演了"天女之舞"，进一步加深了足利义满对其的宠爱。

正在以此为奋斗目标，计划推出更加出色的剧目。

有马赖底：我们相国寺全力支持。欢迎利用承天阁美术馆举办专题展览，同时在相国寺表演"能"。

观世清和：我们现在正在复原祖传的"世阿弥手书本"中的曲目，例如《松浦佐用姬》、《难波梅》、《布留》等，同时还计划公演《阿古屋松》①。

有马赖底：这可是个振奋人心的好消息。《阿古屋松》可是值得一看。

观世清和：我们正在加紧排练，争取为社会奉献出一台佳作。

----

① 《阿古屋松》 以位于陆奥国（现宫城县）一之宫的祭神"盐灶明神"为主角的垫场戏。观世文库所藏《世阿弥亲笔本》批注中注明：应永三十四年（1428）11月。长期以来，此曲目已成废曲。江户时代，观世元章曾一度作为复活曲目上演，其后再次成为废曲。

复活能曲《箱崎》

　　这是九州箱崎八幡宫所传神功皇后的传承的曲目。服装道具由观世清和大师设计制作，主角为观世清和。摄影　林义胜

献给未来的遗言

禅的生活方式——别无功夫
文化的继承——裂古破今
美——生命的光辉

　　回顾我的前半生，可谓沟沟壑壑，坎坎坷坷。往事如烟，我曾经饱尝了人世间的万般辛酸甘苦，至今，所有这些经历都深深地影响着我的一举一动，无一不使我受用终身。

　　我们常说要敢于破旧，但是破旧并不意味着当今现世一切都是美好无瑕的。固有文化与当今文化各司其责，都应该加以重视。

　　世间万物都是佛陀形象的体现，都闪烁着生命的光辉。本来无一物，禅的宗旨照耀整个世界

——有马赖底

简　介

禅的生活方式——别无工夫

◎清晨修行僧的禅门生活

"托钵化缘可以养心育人"、"禅是体验型佛教"。

◎我的人生历程　我的前半生生涯

重返临济宗妙心寺派岳林寺。"岳林寺的15年修行生活，奠定了我的人生基础。"

父母的离异、与母亲的诀别、苛苦的修行生活、倍受煎熬的日日夜夜、相逢终生之师、相国寺专门道场的历练、苦参公案的日日夜夜。

◎禅林生活掠影、禅林的日日夜夜

"开山忌"、"例年忌"法会、知床三堂"例年大祭"，知床斜里町"祈祷渔业丰收、航海安全法会"、立松和平先生追念会、相国寺墓地"本山墓地诵经回向"、管长地方巡教、西山妙音大辩财天堂"大般若经选诵"。

◎走向美好未来、禅与世界的未来

《森林、文化与未来》（位于大分县日田市）"佛教徒应该入世畅言生活方式"、"禅是'体验型'宗教"。

◎泰然面对死亡禅家的生死境界

"生死好比日常茶饭事，不值得大惊小怪。""人死了都要变为一捧灰，唯此而已。"

文化的继承——裂古破今

◎研墨挥毫——"书为人"

◎追念茶汤始祖千利休

"无心无作"之美、"冷枯"精神、《孤舟载月》（洞庭湖）、"一叶孤舟——千利休"。

◎"茶汤"即为"佛道"

献茶式（慈照银阁寺）

美——生命的光辉

◎创建相国寺承天阁美术馆

"纪念相国寺创建者足利义满逝世六百年'若冲展'"。有马赖底指出："寺院自古以来就是传播文化的中心。"

◎伊藤若冲的艺术与生涯

有马赖底介绍《动植彩绘（三十幅）》。各界有识之士畅谈伊藤若冲的魅力（辻惟雄、小林忠、茂木健一郎）。

专题讲演《伊藤若冲的生涯》（石桥莲司），《天明

大火与晚年的若冲》（乔·布莱斯）

◎相国寺珍宝跨越大洋

"庆祝日法交流150周年相国寺、金阁寺、 银阁寺珍宝展"（法国巴黎市立美术馆）。

茶道里千家大宗匠千玄室畅谈茶道宗旨"和敬静寂"。有马赖底指出："通过异文化交流，可以在不同的事物中寻找到相同的价值观。"

祈愿："本来无一物……禅的思想必将传遍整个世界。"

◎有马赖底介绍隔扇画

岩泽重夫画伯绝作《金阁寺客殿隔扇画（六十幅）》。

禅的生活方式——别无工夫

"凡人"有马赖底

回顾我的前半生,可谓沟沟壑壑,坎坎坷坷。往事如烟,我曾经饱尝了人世间的万般辛酸甘苦,至今,所有这些经历都深深地影响着我的一举一动,无一不使我受用终身。

万木中蕴藏凝聚着巨大的生命力,生命力瞬间放射的光芒滋润着我们的心田。万木生灵教诲启迪我们——世间凡夫不可能祛除烦恼。然而,我们可以在瞬间忘却一切,使自己的心境空旷而洁净。唯有此时,我们人类才能够觉察到大自然的恩泽,而萌生感恩戴德之心。这就是明辨自身的名分职责,舍弃骄横,抛弃私欲,谦虚恭俭,心境充裕地生活——"知足"的哲学。所谓生存,并不需要什么特殊的"打算"和"计谋"。

经历了少年时代与父母兄弟的离别,饱尝了苦苦而严格的修行生活。回顾自身走过的人生历程,仿佛吹入混沌迷惘的当今世界一缕清风,展现有马赖底的人生哲理。

临济宗相国寺派管长

有马赖底

有马赖底：往事如烟，我的前半生饱尝了人世间的万般辛酸甘苦。至今，所有这些经历都深深地影响着我的一举一动，无一不使我受用终身。

禅被称为"体验型"佛教，我认为这是一句至理名言。通过切身的体验去不断地认识世界，这是一条十分重要的途径。不是单单依靠双耳，而是在实践中通过自己的四肢去掌握获得知识，这才是至关重要的。

行云流水

仿佛天空漂浮着的祥云，好似大地流淌着的清泉，这才是真正的"自由"。不为世间万物所束缚，不必追随附庸他人，如"行云流水"般自由自在地生活，这是唯有年轻的云水僧才可以享受的"特权"。

托钵

云水僧通过托钵化缘这一修行手段，可以促使自身更快地成熟起来。为什么可以这样说呢？这是因为在托钵化缘过程中可以有机会品尝世间的酸甜苦辣。我过去托钵化缘时，就曾经被人讥笑为"要饭的叫花子"，而遭受街人扫帚的抽打驱赶。每逢陷入这种窘境，我只有弯腰低头，赔礼道歉后悄悄走开。

世态人情

通过托钵化缘，可以在街头巷尾亲身体验"世态人情"，这是一种最为重要的修行手段。云水僧托钵化缘时，还经常被素不相识的布施供养者招呼而入家中，被用香茶和甜点招待。通过类似与民众的日常接触，可以切身地体验娑婆世界的人情世故。所以，游方行脚对于修行僧来说十分重要。在极为平常而自然的日常生活的气氛中，可以更紧密地接触信众，了解社会。

当然，在托钵化缘过程中首先需要始终保持顽强的意志。如果没有虔诚和谦恭的心态，是不可能在精神上和物质上有所收获的。

解说员： 有马赖底老师，1933年，即昭和八年出生于东京中野区。父亲为九州久留米藩藩主后裔、男爵。母亲也出身于名门望族。孩提时代，在专为皇室和贵族子弟开办的学习院就读时，曾被选为皇太子，即当今天皇的伴读学友。但是，八岁那一年，由于父亲经商失败，导致父母最终无奈地走上了离异之路。

父母离异后，某一天，舅舅问他："你将来想做什么？"由于他当时正捧着连环画《一休和尚》而爱不释手，就信口回答："我想当一休和尚！"为此，有马赖底幼小年纪就被送入大分县日田市的禅寺寄养。

这是有马赖底跟随母亲及姑姑乘坐火车，由东京前往九州的大分县日田寺岳林寺途中发生的事情。夜车刚刚启动，母亲就从座位上悄然地消失了。"我妈妈去哪儿了？"不论有马少年如何追问姑姑，姑姑也一声不吭，不予理睬。他万万未曾想到，这个寂静的夜晚竟成了和母亲的终生永别之时。

在岳林寺，等待着有马少年的是，在被称为禅林三大"鬼门关"之一的九州梅林寺，开始了最为艰辛的修行生活。师父是刚刚接任岳林寺住持不久，待人严厉的森下大拙和尚。从此，这个在东京长大的公子哥，这个体弱多病的少年，每天天还没有放亮，就必须爬起来上堂参加早课诵经，清扫庭院，从寺院后山砍来柴火烧水做饭洗衣。白天还得背起书包去小学读书，晚上跟随方丈和尚修习佛法。日复一日，年复一年，就连蒲团的摆放位置稍有错位这种细小的过失，都要招致方丈和尚的铁拳敲打。

有马少年在岳林寺度过了15年漫长的修行岁月。

有马赖底：岳林寺右边是阎罗王，左边是地藏菩萨。

你们看山门这根柱子，当年我经常被方丈和尚双手反绑在这上面，一绑就是大半天，或者一整天。有时候，方丈和尚出来看看，抡圆了胳膊就是一巴掌，然后独自一人又返回寺内。我看到没有任何松绑的迹象，就只好无可奈何地继续熬下去。

有时，偶尔从山门前面的路上走来几位过路人，大惊失色地一边喊："快去看看，小和尚被绑起来了！"一边靠近前来。按照孩子幼稚的心理推断，"这回大人来了，自己可有救了。"但是每次过路人总是七嘴八舌地说："咱们可不能管这事儿，算了吧！"然后就面色坦然地走开了。少年时代，我经受了不少类似的皮肉之苦。

画外音：为什么把您绑起来了呢？您做什么坏事儿了吗？

有马赖底：当然了，不做坏事儿，能被绑起来惩罚吗？孩子就是恶作剧的"专家"嘛！

这根柱子可真是令人触景生情啊！你看这山门顶棚，当年我经常爬到顶棚上去玩儿。那时候可是经常爬上爬下的，现在老了，再也爬不上去了。

这座石塔，它年头可不少了，是15世纪末镰仓时代末期的文物。

这是六角堂。这么大的庭园，每天都要除草打扫，对于一个体弱多病的孩子来说，这可不是一件轻松的工作。你们看这些茂盛的大树，落下来的树叶仿佛总也扫不干净。

啊！这边也整理得比过去干净多了。过去，这间小亭子有两扇门，关上门就成了我玩耍的"密室"了。有时候为了逃避方丈和尚的监督或教训，就躲到里面。一藏就是半天儿，等到风平浪静了，再走出来。现在想起来，还真得好好地感谢这座小亭子呀！

那是三重塔，那附近也是我每天必须清扫的范围。

往事如烟，真是一言难尽啊！

画外音：岳林寺的整个气氛没有什么变化吗？

有马赖底：我感觉基本上没有什么大的变化。那是敕使门，当年，岳林寺曾被后醍醐天皇封为镇护国家的"敕愿寺"。江户时代，朝廷派来的敕使就是经由敕使门出入的。我在这儿修行的时候，这个制度已经废止了。所以，这是岳林寺的一个重要建筑物。

你们看，这地基和台阶之间是空的。每逢方丈和尚生气发火时，我也经常躲到那里面去"避难"。

右边是"浴室"，左边是"旦过寮"。因为岳林寺是修行道场，所以前来挂单修行的云水僧获准入门之前，首先要在"旦过寮"栖身，大约过了一周，才允许进入僧堂，开始正式修行。

当年，我们庙里还种了不少庄稼，到了麦收季节，我们就把这两扇门关上，在这里打麦粒儿，防止麦粒四处飞散。过去，出了门就是一片麦田。一转眼就是几十年过去了！

当年，我经常独自一人躲到大殿的后面去哭。一哭起来，眼泪就刷刷地流个不停。心情平静下来以后，又从大殿走下去，操起扫帚清扫庭院。当年，这庭院里可没有这么干净整洁，到处杂草丛生，怎么拔也拔不干净。清扫庭院是摊派给我一个人的分工。

少年时代，为什么我感情那么脆弱，经常落泪呢？现在回想起来，恐怕是因为当时难以逾越的孤独感吧。对于一个父母兄弟音信皆无、无家可归的少年来说，源于自身心灵的悲伤和寂寞是最残酷不过的了。这种孤独感不同于外界加在自己身上的压力，师父的拳打脚踢所带来的暂时疼痛终究可以痊愈，但是心灵的创伤和孤独寂寞感是很难清除解脱的。在百般无奈的环境下，只有自己躲到无人的地方，用泪水来冲淡无限的孤独和寂寞。

在岳林寺度过的15个春秋，使我学到了无数宝贵的人生经验；在这里，我奠定了整个人生的根基。

解说员：有马赖底老师22岁那一年，与为了参加法会前来九州，后来升任临济宗相国寺派管长的大津栃堂禅师偶然相遇了。自从与大津栃堂禅师目光相接的那一瞬间，有马赖底老师就不由得被大津栃堂禅师浑身所散发出来的威严气势所折服，并暗下决心："我这辈子一定要跟定这位禅师走到底！"

按照日本临济宗门的规定，修行僧可以跨越门派，在全国临济宗内各派道场中自由地选择修行道场，选择参禅之师。当时，已经下定决心置身佛门，终生弘法利生的青年有马，终于告别了九州岳林寺道场，来到京都的临济宗相国寺派大本山相国寺专门道场，师从大津枥堂禅师继续参禅问道。

法堂

有马赖底：进入京都相国寺后，最初使我震惊无比的就是第一眼目睹国家重要文物"法堂"的顶棚上，出自江户幕府宫廷画师狩野光信之手的那幅《蟠龙图》的瞬间。当年，我作为一介云水僧进入相国寺专门道场修行，经常要去位于隔壁的大本山相国寺去参加有关法事活动。我们云水僧跟随在禅师们长长行列的末尾，徐徐进入法堂，我一抬头就被顶棚上跳跃着的那条蟠龙给惊呆了。

云水时代

解说员：刚入门的前一两年，有马青年觉得仿佛自己自身的存在遭到了彻底否定，完全丧失了自信心，在紧张而严酷的修行生活中痛苦地挣扎。过了三年，乃至五年以后，每天依然都要去参深奥费解的"公案"，终日打坐参修。物换星移，在道场的修行生活不知不觉已经超过了十年。

有马赖底：在禅堂，结束了一天的集体打坐参修，傍晚，"昏钟"响过后一直又坐到晚上十点。然后，全体僧众就必须瞬间入睡。这时，"僧值"要照例手执"香板"在禅堂内走来走去，来回巡视检查僧众是否已经入睡，修行僧的一天就这样结束了。等到"僧值"走出禅堂，返回"侍者寮"以后，确定"僧值"已经不见身影，我又悄悄地爬起来，在禅堂门前或者门外的石头上垫上蒲团继续打坐禅修，这就是所谓的"独接心"。

独接心

所谓"独接心"就是一个人独自打坐参禅的意思。夜深人静，往往明月当空。在明月的照见下，不由得使人检点自身而暗下决心：一定要更加努力修行，一步一步地靠近圆满的佛性！皎洁的月光可以激励禅人发奋精进。

我们平时常说"乌云伴明月"，如果你加以仔细观察的话，就会发现明月往往在随风飘动的乌云中若隐若现。

清风拂明月

这就是所谓"清风拂明月"的境界。在"明月"和"清风"之间加上一个"拂"字，可以更为形象地烘托出"明月清风"的临场之感。或者也可以说成"明月拂清风"。我也经常交换"明月"和"清风"的前后位置，将

"主体"与"客体"的位置颠倒着来写，这就是禅语所说的"宾主互换"。

宾主互换

所谓"宾主互换"就是将"主人公"与附属于主人公位置的其他"客体"的位置加以调换。就是将"清风拂明月"改写为"明月拂清风"。许多禅人往往根据"明月清风"这四个字的字面来加以说明解释，然而我认为，我们应该将自己置身于月光之下，通过自身的切实体验来理解这一禅语的深邃内涵。

解说员：有马赖底老师蒙受其师大津栃堂禅师的认可，35岁升任相国寺山内的大光明寺住持，38岁就任临济宗大本山相国寺派教学部长。1988年，当选为京都佛教会理事长。1995年升任临济宗相国寺派第七代管长，相国寺132世住持，同时兼任金阁寺、银阁寺住持至今。

《开山忌·例年祭香赞》

满庭秋色日东边，

素月孤圆辉碧天。

沈水一炉无限意，

灵源莹彻本分禅。

绕佛诵经

有马赖底：我们都知道这样一个道理，所谓"烦恼"，不论大小，任何人都抱有无穷无尽的烦恼，烦恼是清除不掉的。我们禅人强调的是：要在瞬间清扫心境而达到所谓"无"的境界，从而得到佛法的关爱，得到解脱。我们绝不可一年到头陷于各种各样荒唐的烦恼之中，并为之懊恼沮丧。当你在瞬间清净了自己的心灵，抛弃了所有烦恼之后，就会回归真正的自我。不少人以飞黄腾达作为自身的奋斗目标，在自身的工作岗位上兢兢业业，埋头苦干，这是无可非议的。但是，这一部分人往往容易陷入种种矛盾和烦恼之中而难以自拔。我认为这种人应该学会瞬间忘却，回归本来清静的自身与一切皆无的世界，不断地清净自己污浊的心灵。如果能够做到瞬间舍弃我执，放下身心，形成一无所有的精神境界，就一定会有更大的作为。

解说员：相国寺，由室町幕府第三代将军足利义满发愿兴建，明德三年，即公元1392年落成，现为临济宗相国寺派大本山，开山祖师为梦窗疏石。相国寺统辖包括举世闻名的金阁寺和银阁寺，以及日本全国各地一百余所相国寺派寺院。有马赖底长老身为相国寺派管长，肩负着方方面面的日常工作。

画外音：管长！请您乘坐这部车，请上车！

知床斜里町与番屋

解说员：2010年6月27日，在位于北海道的知床半岛斜里町知布泊村举行了毗沙门堂、太子堂、观音堂三堂"例年大祭"法会。为了呼吁保护知床地区的自然环境和祈祷世界和平，从十几年前起，有马管长每年都亲自参与了这一社会活动。

祈祷渔业丰收与航海安全

有马赖底管长与日本已故著名作家、生前酷爱知床地区风土人情的立松和平先生是忘年之交，共同致力于推动知床地区的环境保护事业。有马赖底管长连续十几年亲自参加了在位于知床地区海岸的"知床番屋"，即"渔民望海防汛值班板房"举行的祈祷渔民航海安全法会。

画外音：管长，您已经来过这里很多次了吧？

有马赖底：对！我每年都来这里参加这个祈祷法会，已经来了十几次了。我认为，我们眼前的万物生灵都是佛陀的显现，都闪烁着生命的光辉。所谓生命，它遍布共生在我们周围的每一个角落。每年来到这里，都使我心旷神怡、耳目一新。我看到眼前的这一切，不禁感慨无限："啊！我们生活着的这个地球多么浩瀚、多么壮美呀！"

解说员：日本著名作家立松和平，生前致力于推进知床地区的自然环境保护运动。2005年，知床半岛被确定为"世界自然遗产"。

有马赖底：我个人认为，知床半岛之所以被确定为世界自然遗产，离不开立松和平先生多年来付出的辛勤努力。

如果有条件，我特别希望孩子们能够利用暑假，来领略和接触一下这里大自然的秀丽景色，来呼吸一下这里大自然的清新空气，在这个大自然温暖的怀抱里尽情地游玩。这样的话，他们的心境就一定能变得更加和谐宁静。我认为，生存在这个世界上的每个人最大的喜悦，都是来源于广袤大自然的恩泽！

相国寺墓地

大本山墓地诵经回向

解说员：2010年8月1日，有马赖底管长带领相国寺僧众在相国寺本山墓地诵经回向。

有马赖底：大家都来喝粥吧！每天喝碗粥，谁都可以健康长寿。

知足

我们日本人常说"知足者常富"，知足后面跟着的是"常富"二字，所谓"知足"就是要满足于现状。人的欲望是没有止境的，欲望在不断地膨胀，重要的是我们要有自知之明。不少人都幻想点石成金，盼望瞬间成为百万富翁，这是不切实际的欲望。如果我们持有"知足"的心境，就会怀着感恩戴德的心情去工作，去享受生活。我认为，比起物质财富的富有，拥有"知足"的心灵更为重要。如果我们拥有"知足"的心境，就会更加珍惜每一天的日常生活，成为自由自在之人。

解说员：身为管长，巡视相国寺派所辖全国各地教区寺院被称为"管长亲教"，这也是一项重要的日常工作。2010年9月末，有马管长巡视了岛根县境内的六所寺院。

2010年9月27日至28日

管长巡视相国寺分院

有马赖底：今天我有幸亲眼目睹了保寿寺壮观的伽蓝，感到无比欣慰。

信众代表：此次，有马管长大和尚亲临保寿寺，使我们保寿寺全体信众有机会亲耳聆听佛法，沐浴佛光普照，切身体验到了难以言表的法喜。请允许我代表全体信众表示由衷的感谢。

有马赖底：我本人现在担任相国寺和金阁寺、银阁寺的住持，所以有责任监督隶属于相国寺派的各所寺院的法务状况。此外，我还担任着京都佛教会理事长这一职务。京都佛教会是一个由京都佛教各宗派加盟的佛教界联合组织，一共管辖着1600余所寺院。我们知道，各个宗派的教理教义都有所不同，比如净土宗倡导唱诵"南无阿弥陀佛"，禅宗主张"打坐"，而"山岳佛教"的修验宗旨则提倡实践山中修行。作为佛教各派联合团体的领导，我深感自身的责任重大。平时，我比较注重学习和了解各个宗派的不同特点，以便能够胜任本职工作，不负众望。学无止境，对我来说，每一天都必须努力学习。

大分寺日田寺

2010年11月16日

解说员： 有马赖底老师多年来一直致力于环境保护事业，积极宣传"未来发展与森林和文化"之间的不可分割的关系。

有马赖底： 我认为，我自己现在能够站在这里，就是山川和森林的恩惠。这一切来之不易，难得宝贵！

专题研讨会《面向未来的森林与文化》

学生： 我们学校课程表中设置了"林业"这一科目，通过这个科目的学习，使我们对日本林业的现状产生了极大的兴趣。

有马赖底：同学们，我们眼前的一棵棵树木，看起来微不足道。但是，我认为它们不仅仅是一棵棵植物，它们还是佛陀的化身，每一棵树木都在向我们发散着强烈的信息，赋予我们生存的勇气和力量。我们现在珍惜爱护每一棵树木，就是在生产制造滋润几百年以后，生存在这个世界上的万物生灵心田的清泉。这就是树木本身所持有的"灵性"。

刚才听到各位同学的介绍，得知你们都在努力地学习有关文化知识，将来立志从事森林栽培和保护工作，这使我感到无比欣慰。我衷心地希望你们坚定信念，去努力地实现自己美好而远大的理想。同学们，谢谢你们！

解说员：这里是位于大分县日田市的京都金阁寺妙音堂别院。从8岁开始，在岳林寺度过了15个修行年头的有马赖底老师，积极支持地方寺院弘法利生事业，每年都亲自前来参加有关法会。

京都金阁寺妙音堂别院

西山妙音大辩财天堂

画外音：下面有请临济宗相国寺派管长，金阁寺、银阁寺住持，京都佛教会理事长有马赖底先生。

解说员："禅是'体验型'宗教"。"我们佛教徒应该积极入世，倡导合理的生活方式"。

"冷暖自知"

有马赖底：禅门的修行，强调"冷暖自知"，意思是说：是冷还是热，自己不去摸一摸，就不会晓得。自己动手摸一摸这个过程就是体验实践的过程，只有通过自身的不断体验实践，才能够真正地了解事物的本来面目，才能够不断地积累丰富的经验。否则，无论如何在嘴上议论来议论去，最终还是不可能清楚地认识事物的本来面目。

我的前半生，可以说是沟沟壑壑、坎坎坷坷，饱尝了人世间的万般辛酸甘苦，一言难尽！但是，所有这些经历都深深地影响着我的一举一动，无一不使我受用终身。

关于"死"

我认为，所谓死亡，只不过是普普通通的日常之事。人的死亡就如同每天用餐、饮茶、如厕、工作、旅游等等，就是我们日常生活中的一部分。它发生在每天每日，每时每刻，就是我们日常生活舞台上极为平常的一幕。

"生死事大"

所谓"生死事大"就是说"生"与"死"是一件大事，这是禅师要求每一个修行僧必须努力搞清楚的一个大课题。从古至今，围绕"死"这一专题，无数宗教家、哲学家、科学家都曾经站在各自的角度加以详尽的阐述。但是，我个人认为，既然"死"是一件极为平常之事，就没有必要去小题大做。

死亡是人生漫长旅途的终结。对于死亡的恐惧，极力摆脱死神召唤的心境，人皆有之。这是因为不了解死后的世界，不清楚死后的去向，所以才感到异常的恐惧。

画外音： "难道死不可怕吗？"

有马赖底： 人死气绝，送别火化，灰散四方，一切皆无，根本就不存在什么死后的世界；既然毫不存在，那又哪儿来的恐惧呢？

死亡之后，你将无处可去，因为感觉恐惧死亡的自身已经不复存在。人死了，就是一捧灰，吹之随风而去。

文化的继承——裂古破今

有马赖底与禅文化

　　"我们常说要敢于破旧，但是破旧并不意味着当今现世一切都是美好无瑕的。固有文化与当今文化各司其职，都应该加以重视。"

　　文化继承的根本，在于持有正确对待和评价古今中外文化长处的思维方式。千利休运用"茶汤"的形式，将潜藏于日本美学意识深层的"无"这一思想观念形象地表现了出来。有马赖底缅怀日本茶道始祖千利休的生涯，阐述"无心无作"之美、"冷枯"之精神、倡导世人："应该在各自所需的最小范围内生活度日，如果能满足这一基本条件，就应该心满意足了。"

　　缅怀在继承和创新的过程中，开拓了幽玄静寂的"能"的世阿弥的生平业绩，展现日本文化的幽深境地，并将之概括为"实为各行佛道"。

　　展望当代社会，有马赖底指出："人类为眼前过于丰富涌流的物质生活所迷惑，而忽视了文化本身所具有的历史和现实价值。呼吁我们深思：人类文明的发达，将为未来的世界和人类的未来带来什么？"

有马赖底：研墨，要用墨块按住砚台由内向外画弧，随着墨汁慢慢浓稠起来，自身的心态也会逐渐地平静下来，自然而然地进入理想的书写境界。

这也就是说，要逐渐地进入放松状态，如果急于求成，匆匆忙忙地提起笔来就写，是写不出好字的。

根据我的体会，书法要一气呵成。我们常说"字如其人"，字往往可以映衬出一个人的内心世界。

"裂古破今"

所谓"裂古破今"，就是要破除陈旧腐朽的东西，不要墨守成规。如果执著于陈旧的传统观念，则将一事无成。但是，这并不意味着现时一切都完美无缺、无懈可击。所以，我们在打破旧框框的同时，还要以批判的眼光去看待现实世界。我们要客观地评价和对待陈腐与崭新的事物，使其更加充分地发挥各自的社会功能。

"无心无作"

日本茶道始祖千利休，从"无心无作"这一人的本来面目之中，发现开拓了日本文化之美。当年，千利休不是附庸风雅而盲目地推崇由中国舶来的完美无瑕的茶具精品，而是根据"无心无作"的宗旨，运用扭曲洼陷的插花竹筒展现了日本人的美学意识。所谓"茶汤"的根本原理就是体现在这一点上。

黑陶茶碗

乐长次郎制作

从这两件代表茶汤文化的文物中，我们可以看到：所谓美的感观及美的意识，并不是预先制定下来的约定俗成之物。

这些看起来扭曲不整或者瑕疵遍布的茶具，在日本人的审美意识看来，反而具有难以言表的魅力。它能够与日本人的美感产生共鸣，形象地展现了日本人的美学意识。

"闲寂"

日本人崇尚的"佗"，即"闲寂"这一美学意识，展现了一种摈除了一切欲望的境界。

这是一种唯独保留了最低限度而真正需要的境界。我认为：这就是日本人崇尚的"佗"，即"闲寂"精神之所在。

孤舟载月

千利休书

千利休手书"孤舟载月",原为"孤舟载月洞庭湖"
一句中的前四个字。中国五大淡水湖之一的洞庭湖横跨湖
北、湖南两省,原来面积相当于日本最大的湖泊——琵琶
湖的十几倍。这一诗句大意就是描绘一只孤舟载着明月漂
泊在中国洞庭湖上的情景。

为什么千利休唯独挑选了前四个字,亲笔书写成条
幅了呢?我认为这个理由不难理解。当年的千利休在"茶
汤"界被称为"孤愁怪癖"之人,他倡导的"佗",即
"简素静寂"的精神并没有为时人所理解。就连曾经一度
委以千利休重任的"太阁",也就是宰相丰臣秀吉本人,
由于学识浅陋,也没有能够加以理解而与千利休分道扬
镳。最终,千利休落得个被迫切腹而亡的结局。

所以,从某种意义上来讲,千利休在弘扬茶汤"简
素静寂"理论的道路上始终是孤独忧愁的只身一人。正像
"孤舟载月"这四个字所形象地描绘的那样,在洞庭湖上
飘荡的那只承载着一轮明月的孤寂扁舟,恰如其分地映衬
出了千利休本人孤独而忧愁的身影。

"茶汤乃践行佛祖之道"

关于茶汤,据千利休的入室弟子南坊宗启编撰的"利

休流"茶道秘传书《南坊录》记载，千利休主张："茶汤乃践行佛祖之道。"千利休本人曾拜临济宗大德寺派第117代住持古溪宗陈为师，参禅问道长达三十余年。古溪宗陈在《蒲庵稿》中称千利休为"吾三十年饱参之徒"，这意味着他承认千利休为跟随自己参禅修道三十余年的门徒。

千利休继承了室町幕府第八代将军足利义政开创的茶道"东山流"的传统，并不断地摈除其中所有华贵浮躁的形式，成就了重视"简素静寂"境地的"佗茶"。简而言之，千利休主张：茶道的真髓就是修习佛道，不仅向佛敬献清茶，茶人自身也燃香、插花，点茶、品茗，茶汤的实践就是修习佛道的具体过程。

2010年11月19日

献茶仪式

解说员：银阁寺，原为室町幕府第八代将军足利义政发愿创建的"东山山庄"。1490年，根据足利义政遗愿改为临济宗相国寺派的禅寺。从此以后，银阁寺成为以茶道、花道、香道等为代表的"东山文化"的发源地。

表千家传人

千宗左

吃茶去

有马赖底："吃茶去"中的"去"字,在现代日语中表示"离开"之意,而汉语中的"去"字的字义却截然相反,就是"去喝茶吧!"的意思。这是赵州禅师的一句脍炙人口的禅语。

当年,赵州禅师闻名遐迩,门下修行僧云集。有一天,一位禅僧远道前来参学,赵州见他就问:

"你以前来过没有?"

"没来过。"

"是吗?那吃茶去!"

转而又来了一位禅僧,赵州又问:

"你以前来过没有?"

"啊,来过。"

"是吗?那吃茶去!"

看到眼前发生的一切而困惑不解的古观音院院主终于启口问赵州和尚:"和尚,方才您让初来乍到的吃茶去,理所当然。但是对常来常往的也让他去吃茶,这是为什么呢?"赵州和尚听到院主的问话,同样立即吩咐道:"院主,吃茶去!"这就是所谓"吃茶去"这则公案的缘起。

我个人认为,赵州禅师道出这句"吃茶去"名言之前,一定是和其他门徒有过一番议论。作为终结种种议论之语,赵州禅师道出了日常生活中最为普通的一句话"吃茶去!"因为再也没有比吃饭喝茶更为普通的日常行为了。赵州禅师的本意在于：借用这句"吃茶去！"来唤醒门下修行弟子的觉悟，告诫弟子："深奥而宝贵的佛法的真实面目，就存在于吃饭喝茶等诸如此类的日常行为之中。"

福冈县久留米市
梻原纪念馆
2010年9月23日

有马赖底：啊！雨停了。

解说员：身为久留米藩藩主后裔的有马赖底，发起成立了"有马大龙会"，每年都要亲自前来"点茶"待客。有马赖底老师本人为茶道"表千家"门人，有着长达半个世纪的茶道修习经历。

有马赖底：今天，承蒙各位在百忙之中光临有马大龙会茶会，我感到分外荣幸。请各位多多关照！

第三次久留米
有马大龙茶会

有马赖底：下面，请允许我在各位面前献丑，为各位"点茶"，请各位多多见笑。

不好意思，在茶道老师们的面前献丑了，所以请各位不要紧紧地盯着观察我的"点茶"动作。

请各位随意欣赏！

解说员： 14世纪，室町幕府第三代将军足利义满，借景京都北山建造了金阁寺。公元1408年，足利义满迎请当朝的后小松天皇驾临金阁寺观赏了三场能乐。

从此以后，金阁寺成为融合了朝臣贵族、新兴武士，以及禅宗文化的"北山文化"的传播中心，以及酿造日本人的"大和"美学意识的舞台。

室町幕府第三代将军足利义满借用金碧辉煌的金阁，力图营造出一个梦幻中的极乐净土世界。

足利义满力图通过迎请后小松天皇观赏能乐，将当时还只不过是一般民众欣赏对象的能乐，作为一种崭新的表演艺术形式肯定下来，尽快地推向整个社会。

观世流传人

观世清和

观世清和： 我们能乐"观世流"的祖师为观阿弥和世阿弥父子二人。室町幕府第三代将军足利义满当政时代，观阿弥和世阿弥父子的表演艺术深受足利将军的赏识和支持，从而成功地完善了能乐这一崭新的表演艺术形式。

能

解说员： "裂古破今"，1989年开始，有马赖底老师以金阁寺为舞台，开始了将光与声融汇交织的崭新的艺术形式的尝试。

观世清和：今天为各位演出的曲目叫《融》，《融》来自本曲目的主人公"源融"这一名字中的"融"字。源融为9世纪的皇太子，官至左大臣。这个曲目是我们的祖师世阿弥为了追慕足利义满将军而特意创作的。在世阿弥看来，足利义满将军和源融同为杰出的政治家。

舞

舞台上，衣着华贵的源融的亡灵显现在位于旁侧的僧人面前，翩翩起舞。这是整个曲目中的高潮部分，被称为能乐曲目中最为华丽激昂的舞姿。源融的亡灵在皎洁的月光中突然显现，而后又悄然地消失在皎洁的月光之中。整个曲目赋予观赏者以鲜明亮丽的艺术感受。

"离见之见"

世阿弥用"离见之见"这四个字来概括"能"这一表演艺术所追求的终极目标。所谓"能见之见"，大意是说：身处舞台上的表演者本人不可能看到自身的舞姿，所以表演者要将自己艺术之魂置身于所有观赏者的视线之中，应该留有三分左右冷静而客观地评价自身演技的余地，来向观赏者奉献至真至美的舞姿。

在灯光的映衬下，湖面上一座金碧辉煌、耀眼夺目、轮廓鲜明的金阁展现在了观赏者的眼前。当然，我作为表演者在舞台上并没有享受到这个特殊的感受，但是过后看到了实况录像，还是震惊不已。

有马赖底：您说得很对，作为表演者的您可能感触不深，但是，我听到坐在台下我周围的观众们都情不自禁地发出了欢喜赞叹之声。

何谓"幽玄"

说起"幽玄"中的"幽"字，日本人一般马上就会联想到"幽灵"二字。但是，在能乐中，"幽"字则表示"隐约朦胧"之意，象征"深奥幽玄"的境地。

观世清和：有马赖底长老讲得很有道理。近代以后，人们在讨论日本文化的特征时，经常提到所谓"幽玄"二字，并往往用"闲寂"、"枯淡"等概念来阐述"幽玄"的具体涵义。但是，我认为所谓"幽玄"不仅仅存在于"寂寞"和"枯淡"的意境之中，五彩缤纷的世界之中也同样存在着"幽玄"的境界。也就是说，行将枯萎、走向没落的世界也好，萌发而出、蓬勃向上的世界也罢，都存在着所谓"幽玄"的境界。我们应该更加全面地分析和理解日本文化的这一显著特征。

2010年12月11日　香港大学

主题讲演："大道说法——禅的自由自在之力"

有马赖底：最近几年，我本人在日本发起创立了一个旨在"反对制造生产核武器，进而彻底销毁核武器"的社会团体。我认为，核武器这项人类的发明，对于我们人类生存着的这个世界没有一丝一毫的益处。正因为出现了核武器这个大规模残杀灭绝万物生灵的现代化武器，我们这个世界上的地区与地区，乃至国家与国家之间的纷争才愈演愈烈。我们佛教坚决反对残杀生灵，"不杀生"就是佛教的大戒之一。我们要联合一切可以联合的社会进步力量，争取早日实现我们的奋斗目标！

我们知道，《日本宪法》第九条规定："日本永远放弃战争，放弃以武力威胁或武力行使作为解决国际争端的手段。"但是，当前日本有一小撮政治家妄图修改宪法"第九条"。我在日本发起创立了"保护宪法第九条会"这样一个社会团体，获得了社会各界有识之士的广泛支持和声援，我们的目的就是要坚决制止这种逆历史潮流而动的邪恶行为。

多年来，我发起创立的"保护宪法第九条会"，一直为反对一小撮政治家企图修改宪法的行径而不懈努力。

为什么核武器这种大规模杀伤武器对人类社会没有任何益处，许多国家至今却还死死搂住不放呢？我认为这就是所谓人类的欲望，即以自我为中心的欲望所导致的恶果。所谓"核威慑力量"对于防止和制止战争并没有起到任何积极的作用。对于佛教徒来说，祈祷尽早销毁核武器是我们义不容辞的社会责任和历史责任。

上海玉佛寺

2010年9月13日

画外音：下面，由上海市佛教协会会长、上海玉佛寺方丈觉醒大和尚向有马赖底长老赠送有马赖底著作中文版《大道说法》和《禅林夜话》。

觉醒：有马赖底长老在他的大作中特别强调：对于生活在物质文明高度繁荣的现代人来说，努力培养"少欲知足"的精神格外重要。

有马赖底：此次，承蒙觉醒大和尚热忱推荐和积极支持，我的两本"法语集"《大道说法》和《禅林夜话》中文版得以在中国出版发行了。这两本"法语集"原本是以日本各阶层的普通民众为对象而汇集成书的。其中一本中文版译为《大道说法》。我认为身为僧侣，不能仅仅将自身的弘法利生活动局限于寺院之内，还应该走进大街小巷，深入社会各个阶层的民众之中，通过各种可行的方式来发挥佛教徒在现代社会中的历史使命。所以，我的这两本"法语集"的出版目的，就是完全站在普通民众的立场，与广大民众一起探讨人生，共同弘扬佛法。

解说员：多年来，有马赖底老师一直在探索超越国界乃至语言障碍而弘法利生的途径。

日本相国寺与位于中国河南省开封市的大相国寺结成了友好寺院。此外，多年来以有马赖底为首的日本临济宗各派及相国寺，为中国浙江径山万寿寺、河北省柏林寺等禅宗祖庭的重建复兴做出了卓有成效的积极贡献。

多年来，日本相国寺与上海玉佛寺之间开展了各种形式的友好交流活动。

上海万国博览会（2010年5月1日至10月31日）
中国馆《清明上河图》

有马赖底：当今，整个中国正在突飞猛进地发展。我们刚才观赏到的《清明上河图》展示的是北宋时代的太平盛世。不少《清明上河图》的誊本也传到了日本，可是我们今天荣幸地观赏到了一幅活灵活现的《清明上河图》，领略了栩栩如生的中国十二世纪城市生活的壮观风貌。

当今世界，物质文明持续不断地飞速发展。但是我认为物质文明的发展能否给人类带来所谓绝对的"幸福"，这是一个值得我们认真思索和探讨的大课题。中国和日本都将不可回避地遇到这个问题。我们在万博会场上到处都可以看到有关保护环境的标语口号，这是十分值得欣慰和赞赏之举。可能有人认为，应该更早地对环境问题加以重视，但是我认为亡羊补牢未为晚也。全世界已经逐渐地认识到了保护环境的重要性。"反对破坏环境，留给下一代一个清洁的地球"，已经成为整个人类的努力方向。我们满怀信心地期待着一个更加清洁美好的世界在不久的将来呈现在我们的面前。反对破坏环境，留给后人一个洁净而美丽的地球。

解说员：不论一棵大树还是一株小草，世间万物的生灵都是平等之身，都闪烁着生命的光辉。在四季的推移变换之中，我们认识并感悟到了生命的辉煌。

大自然的风花雪月，陶冶了我们对"美"的共同感受和认识。

相国寺

《蟠龙图》狩野光信绘　桃山时代

有马赖底：这座"法堂"是日本现存的最古老的"法堂式"建筑，由江户幕府的御用画家狩野光信在法堂顶棚上绘制了这幅《蟠龙图》。这条蟠龙俯视人间，眼观六路。我们不论站在法堂的任何角度来观赏，都会感觉到仿佛龙眼与自身的目光遥相对应。法堂充分展现了这幅绘画艺术作品，乃至文化艺术的无穷魅力。

我本人从青年时代步入相国寺专门道场参禅修行，有

幸接触领略了现存于相国寺的大量珍贵文物，开启了我的
艺术鉴赏的智慧之眼。

与艺术相逢

当然，在身为修行僧的时代，我们必须专心致志地将
全部身心都投入到参禅修行之中，不能让任何其他个人的
兴趣爱好来干扰修行生活。因此，在长达十余年的修行岁
月里，我紧紧跟随在师父的身后，一丝不苟，夜以继日地
置身于参禅修行的锤炼摔打之中。

修行生活结束之后，由于身患胃溃疡，师父吩咐我休
养半年。一般来说，身为修行僧如果因此半途而废，就意
味着断送了与佛门的缘分。所以，我利用在寺院里修养的
半年多的时间，开始了一直抱有浓厚兴趣的美术领域的学
习和研究。

通过学习，我对历史上出身于相国寺的雪舟等杨、如
拙、周文等著名画僧的生平业绩，以及兴起于京都五山禅
僧的所谓"五山文学"，即"禅林文学"历史有了深入理
解和认识。

相国寺承天阁美术馆

2007年5月12日

解说员：1985年，有马赖底老师在相国寺内创建了

"承天阁美术馆"。

承天阁美术馆主要负责承担相国寺，以及相国寺所辖的金阁寺、银阁寺等寺院的珍贵文物的保存、研究调查、公开展出，以及禅文化的传播普及工作。

有马赖底：在这风和日丽的初夏之日，为了庆祝承天阁美术馆扩建工程顺利竣工，纪念相国寺奠基者——室町幕府第三代将军足利义满逝世六百周年的"伊藤若冲展"隆重地开幕了。

《释迦三尊像》与《动植彩绘》时隔120周年重逢

提起在佛教寺院内创建承天阁美术馆的初衷，其目的主要是为了防止所属寺院的文物向外流失。在保存的过程当中，加以整理修复、公开展出。早在25年前的创建当初，为了将来有机会迎接明治时代捐献给皇室的三十幅《动植彩绘》重返故里，我就特意设计了今天这样一个展厅布局。

今天，一直保存在相国寺的三幅《释迦三尊像》，与长期以来保存在皇室宫内厅的三十幅《动植彩绘》，时隔一百二十周年终于重逢了。看到伊藤若冲绘制的这一组绝作，完美地布置在25年前专门为其设计的展厅中，我感慨无限，激动无言，长达25年的夙愿终于实现了！

美——生命的光辉

有马赖底与禅艺术

世间万物都是佛陀形象的体现，都闪烁着生命的光辉。本来无一物，禅的宗旨照耀整个世界。

有马赖底在相国寺内创建了承天阁美术馆，启蒙佛教界："世世代代大力保护文化遗产，是寺院的重要使命之一。"伊藤若冲的传世作品《动植彩绘（三十幅）》，是有马赖底为之神往的佛教绘画杰作。有马赖底认为："伊藤若冲的绘画作品启迪我们这样一个道理，即世间万物都闪烁着佛陀的光辉，若冲的绘画作品就是庄严的佛画。"

具有划时代意义的"若冲展"开幕。以脑科学家茂木健一郎为首的有识之士畅谈伊藤若冲绘画作品的无穷魅力。著名演员石桥莲司再现了伊藤若冲的形象和生涯。

相国寺承天阁美术馆馆藏珍宝跨越大洋，在法国巴黎市立美术馆举办了"相国寺、金阁寺、银阁寺珍宝展"，积极开展异文化交流。

有马赖底站在已故岩泽重夫画伯绝作《金阁寺客殿隔扇画（六十幅）》前，通过艺术作品展现自身的世界观——"判断事物的关键在于瞬间"。

解说员： 自古以来，佛教寺院就是艺术文化的传播中心。历史上，临济宗相国寺派大本山相国寺曾经汇集过无数文人墨客。

相国寺，由室町幕府第三代将军足利义满发愿创建，于1392年落成。管辖着金阁寺（即鹿苑寺），以及银阁寺（即慈照寺）等全国一百余所分院。

进入而立之年后，江户时代的天才画家伊藤若冲在相国寺，与改变了他其后整个人生的两位恩师邂逅了。一位是煎茶道之祖"卖茶翁"，另一位是大典显常禅师。

有马赖底： 最早发现了伊藤若冲卓越的绘画艺术天赋的，是相国寺第113代当家和尚大典显常禅师。

伊藤若冲本人倾心禅门，十分敬仰大典显常禅师，经常出入相国寺从师参禅问道。"若冲"这一雅号就是大典禅师亲自命名的。

解说员： 从不惑之年开始，伊藤若冲倾注了长达十年的心血，完成了多达三十幅的《动植彩绘》巨作，并与另外三幅《释迦三尊像》一并捐赠给了相国寺。

其后，相国寺在举行"观音忏法"，即僧侣反省忏悔平日的言行过失的佛事场所，以伊藤若冲所绘《释迦三尊像》为中心，左右两侧各配置十五幅《动植彩绘》陈列装饰开来。

伊藤绘制创作的这三十幅《动植彩绘》的年代顺序，可以基本推断如下：

《芍药群蝶图》

最先动笔创作绘制的是这幅。伊藤若冲借用笔下的芍药来譬喻相国寺，翩翩起舞的蝶群则象征着相国寺的护法信众。

《梅花小禽图》

几只靓丽的山雀在蜿蜒向上屈伸的古梅枝头上追逐戏耍。

《雪中鸳鸯图》

冬日雪景下，雌鸳鸯将头颈扎入水中，相敬相爱的雄鸳鸯则适当地拉开了距离，形影不离地守望在一旁。

《秋塘群雀图》

一群山雀扑向弯弯地垂下沉甸甸的谷穗。

山雀大军中唯独一只白雀姿色与众不同，这只白雀莫不就是若冲自身的"自画像"吧?

伊藤若冲

解说员： 1716年，伊藤若冲出生于京都锦市场的一户蔬菜瓜果批发商之家，23岁时，身为长男的伊藤若冲继承了父业，40岁时，平素不甚喜欢经商的伊藤若冲将家业全盘托付给胞弟，走上了专心致志从事绘画艺术创作的道路。

伊藤若冲生活着的那个时代，京都画坛呈现着百花齐放、人才济济、群雄割据的局面。伊藤若冲诞生之年，"琳派"之祖尾形光琳去世，"文人画"泰斗与谢芜村与伊藤若冲同年诞生。此外，"文人画"的大成者池大雅、画风玄奥神秘的曾我萧白，以及日本写生画之祖圆山应举等等，可谓人才济济。从江户时代中叶开始，日本画坛打破了局限于固定单一绘画题材的局面，进入了个性竞争、百花齐放的一大转换时期。

那么，出身于一个普普通通的蔬菜瓜果批发商之家的伊藤若冲，是怎样在群雄割据的日本画坛上独树一帜，并创造出了卓著的业绩的呢？

修行时代

从十岁左右开始，伊藤若冲就对绘画艺术产生浓厚的兴趣。他首先集中精力修习以室町幕府的御用画师狩野光信为代表的"狩野派"的绘画技巧和艺术风格。伊藤若冲尤为注重学习和掌握"狩野派"画家的运笔和着色的技巧，以及临摹的手法等基本功。

其次，他花费了极大的气力临摹中国传来的名画，临摹过的中国绘画作品达到了一千余幅。出自伊藤若冲笔下的这幅临摹画，诞生于他将家业的重担托付给胞弟后的不惑之年。伊藤若冲的临摹作品中充满了原作所欠缺的跃动着的生命活力，此外，临摹作品的添加之笔细致入微，充分地展现了伊藤若冲杰出的感悟能力和非凡的绘画技巧。

再次，伊藤若冲开始仔细地研究被称为"南苹派"画法技巧的真髓。伊藤若冲尤为着力研究1731年东渡日本长崎出岛，中国清代中叶颇负盛名的画家沈南苹，以及沈南苹门下弟子，其后来日弘法的京都宇治万福寺禅僧鹤亭的花鸟画技法。

《群鹤图》是伊藤若开始着手创作《动植彩绘》之前不久的作品，展现了"南苹派"的写生和写实主义的风貌。

伊藤若冲在自己家的院子里放养了几只鸡，开始仔细观察鸡的形体动态。通过长时期的观察，他逐渐地感觉到：公鸡希望通过展示艳丽的羽毛来显现自身的魅力，因此千方百计地突出自身的形象，借以保护其领地不受侵犯，达到繁衍子孙的最大目的。

相反，母鸡为了躲避外敌的入侵，保护鸡蛋或鸡雏的安全，极力地回避引人注目，素淡的羽毛是她们母爱的象征。衣着华丽而引人注目的公鸡，质朴素淡的母鸡，可能是这一明显的形体特征使伊藤若冲为之心驰神往的吧？

鸡禽从《动植彩绘》的第五幅开始登场。向日葵与英姿飒爽的雄鸡，紫阳花与双鸡。这幅《大鸡雌雄图》的背景只有一条淡淡的线条，显示出伊藤若冲对鸡禽这一形象的把握已经具有极强的自信。与简略的背景相比，伊藤若冲运用娴熟的笔法，对鸡身加以细致周密的描绘，使栩栩如生的双鸡跃然于纸上。

在伊藤若冲创作的三十幅《动植彩绘》巨作中，鸡禽图占了八幅。步入而立之年以后，伊藤若冲将家业完全托付给弟弟，将整个身心都倾注到了绘画艺术创作之中。他终身未娶，不近酒色，日复一日，年复一年地埋头于家中，精心地创作《动植彩绘》。久而久之，"鸡禽画家"伊藤若冲的名声在画坛传遍开来。

鸡禽画家

《梅花皓月图》

在春色尚遥远的冬夜里，一轮皓月掩映在花枝缭绕的古梅中，若隐若现。

《老松孔雀图》

一只亭亭玉立的孔雀伫立在古松旁，四季常青的古松象征万古永恒。

洁白靓丽的色泽，细腻的笔法，伊藤若冲运用日本独特的"背面彩色"这一绘画技法，即为了增强正面线条的质感而在绢质画面的背面涂上一层黄褐色颜料，以烘托孔雀的白色羽毛更加耀眼夺目，光泽四溅。

《芙蓉双鸡图》

白色的芙蓉花瓣与雄鸡的黑白相间的羽毛相得益彰。

《老松白鸡图》

通红的太阳和鲜红的鸡冠与两只鸡的雪白羽毛构成了了强烈的对比效果。

《老松鹦鹉图》

为了完美地达到对比和渲染的艺术效果，伊藤若冲近乎过度地使用了白色，并运用日本独特的"背面彩色"绘画技法，在当时的日本画坛独领风骚。鹦鹉的眼球部分，独创地使用了大漆，塑造了一个炯炯有神、光辉夺目的形象。

伊藤若冲不仅在色彩斑斓的彩绘工笔领域，而且在黑白对应的水墨画艺术世界也多有建树，大放异彩。

与《动植彩绘》的色彩鲜明艳丽的世界相比，伊藤若冲在迥然不同的水墨画艺术领域也发挥了卓越的艺术天赋。

《葡萄图》

伊藤若冲不仅擅长运用靓丽的色彩来描绘表现大千世界，还力图运用水墨画这一黑白对应的象征性手段，来表现明与暗、静与动、整体与局部的区别。在伊藤若冲的绘画表现意识中，经常融汇着两个截然相反的艺术创作观念。

当《动植彩绘》这套共三十幅的大作绘制到第五六幅时，伊藤若冲同时完成了《鹿苑寺大书院隔扇壁画》的创作。

伊藤若冲得心应手地通过运用水墨画的余白空间，以及《动植彩绘》浓密精致的细微局部来表现自身的绘画艺术的审美感观。

《芦鹅图》

伊藤若冲运用水墨寥寥几笔勾勒出了画面背景的芦苇，而用纤细的彩绘工笔精心地描绘了整个鹅身，使鹅身形象光亮凸显，栩栩如生。

《南天雄鸡图》

伊藤若冲转而使用容易使人产生强烈冲击震撼的红色和黑色，为我们展现了一个视觉感观截然不同的艺术世界。鲜红茂盛的南天和头顶红冠展现着凛凛风姿的雄鸡，显现了旺盛的生命活力。南天枝头，一只黄鹂口衔南天红果，为我们展现了一个紧张与松弛和谐并存的艺术世界。

《梅花群鹤图》

梅树下鹤群伫立，由画幅正面只能看到四顶鹤头，但是却有十一只鹤腿出现在整个画面上，所以这是一个由六只构成的鹤群。其中一只凝视着正面，与观赏者的视线相互感应。

《棕榈雄鸡图》

伊藤若冲运用黑白双色，向我们展现了一个反差对比极为鲜明的艺术世界。画面中两只雄鸡视线相互紧紧对峙、针锋相对、充满杀气。伊藤若冲运用色彩的对比，烘托出了紧张对立的气氛。画面背景的棕榈树则释放着旺盛的生命活力。

美术史家

辻惟雄

辻惟雄：如果我们仔细地观赏一下《棕榈雄鸡图》背景所描绘的棕榈叶面，就不难发现叶面上布满了洞孔。这些洞孔对于观赏者来说，仿佛被人透过洞孔所窥视。伊藤若冲通过这种绘画艺术手段使画面与观赏者紧紧地融为一体，表现了一种唯有绘画才能够描绘表达出来的美感，创造了一个唯有绘画才能够描绘表达出来的不可思议的神秘世界。这种独具匠心的意境，格外地增添了整个画面的艺术情趣。

《莲池游鱼图》

解说员：这是一幅极为不可思议的作品。伊藤若冲描绘了在莲花池中畅游的一群香鱼，绘画者究竟是在莲花池的上面，还是在莲花池水下面观察香鱼畅游水中的静谧景色呢？这一艺术效果令观赏者百思不解，莫明其妙。

另外一个引人注目的局部画面就是，香鱼群中唯有一尾鱼身上的色彩与众不同。

此外，池塘中的荷叶上到处都可以看到虫蚀留下的空洞。伊藤若冲的绘画作品中随处都可以看到这种类似的病叶上的空洞。

学习院大学教授

小林忠

小林忠：我们知道，画家描绘植物叶子的时候，一般选择处于最佳生长时期的植物叶片的最为完美的造型来加以描绘和渲染。然而伊藤若冲却刻意地选择一些出现病灶或者枯萎衰落的植物叶片，与看似健康秀美的叶片同时出现在同一幅绘画作品之中。通过这种创作手法，来表现置身于大自然的风风雨雨中的植物的各种不同成长时期的千变万化的丰富表情。

《丝瓜群虫图》

（现存于细见美术馆）

我们知道，伊藤若冲本人是一位虔诚的佛教徒，我认为伊藤若冲是在力图通过这种创作手法和艺术构思，来描绘和表现佛教的世界观及自然观。

《桃花小禽图》

解说员：红白相间的桃花在树瘤密布的枝干上绽放出一张张喜悦无比的笑脸。

《雪中锦鸡图》

粘稠稠的白雪似乎即刻就要融化为冰水，雪景中可以看到一个又一个的空洞。

《群鸡图》

图中十三只雄鸡，只只羽毛色彩各异，浓淡相间的艳丽色彩令人目不暇接。

"极尽奢华"

小林忠：我们知道，日本文化中有一个较为重要的因素，就是所谓"极尽奢华"这四个字。伊藤若冲的绘画作品中淋漓尽致地展现了日本文化的这一特征。

《牡丹小禽图》

比如描绘花朵时，伊藤若冲为了更加完美地表现植物壮观的生命感和旺盛的生命力，不是刻意地描绘单株独放的花朵，而是在同一幅画面上布满大量花朵，仿佛在观赏者面前展现出一片万花齐放的海洋，从而引导观赏者更加形象地感受大自然千变万化的绝妙佳境，培养观赏者由局部而通观整体的审美感观。我认为，伊藤若冲在如何更加理想地展现日本文化"极尽奢华"这一特征方面，进行了种种可贵的尝试，付出了极大的努力。

《池边群虫图》

解说员：这幅图，向我们展现的就是汇集在池塘边上"极尽奢华"的昆虫大军。蜘蛛和蝴蝶、褐蛇和青蛙、蜥蜴和小虫、捕食者与被捕食者其乐融融地同处在一个共同的世界之中。

这只色彩和视线迥然不同的青蛙，被称为伊藤若冲的"自画像"。

《贝甲图》

这幅图，向我们展现的是一个极尽奢华的贝类世界。

脑科学家

茂木健一郎

茂木健一郎：嚯！这三十三幅巨作果真汇聚一堂了！

呀！这就是那三幅《释迦三尊像》，我直到今天才有机会初次欣赏这三幅绝作。伊藤若冲笔下的这三幅两百多年前的《释迦三尊像》，看上去好像现代作品一样，色彩依旧艳丽庄严无比。总的来说，作为一名普通的观赏者，我感觉伊藤若冲的绘画作品不仅构图、工笔、色彩卓越，更重要的是它具有一种难以描绘表述的存在感。

我本人最喜欢伊藤若冲的这幅《秋塘群雀图》。你看画面上那只白雀独处雀群之中，明显夺目。伊藤若冲一定力图通过这只与众不同的白雀，向我们观赏者传达着某种难以言表的信息。当然，这种信息的具体内容可以有多种多样的解释。比如，既可以理解为"大自然的现实中的确存在着这类外貌与众不同的白雀"，也可以理解为"虽然本质上终究脱离不开一个'人'字，但是我们每个人都主观地认为自身是一个特殊的存在。那只形体与众相同而颜色与众不同的白雀就是我自己。"

我觉得这幅《秋塘群雀图》最为杰出的部分在于：那只颜色与众不同的白雀与自己的伙伴们在协调而顽强勇敢地飞翔，而雀群中的其他为数众多的伙伴们也丝毫没有对这只白雀加以任何歧视和排斥，大家都朝着一个共同的目标在努力挺身奋进。

我个人认为，这幅《秋塘群雀图》如实地反映了伊藤若冲本人的创作思想和理念。伊藤若冲一定是在通过这幅《秋塘群雀图》来讴歌生命的辉煌，以及人生的波澜曲折。你看！雀群中的每一只山雀都在生气勃勃地飞翔，那种无所畏惧的气势足以震撼人心。

相国寺承天阁美术馆

过去，我一直认为伊藤若冲的这三十幅《动植彩绘》贯穿着一个共同的主题，那就是对世间万物生灵的虔诚祈祷。三十幅《动植彩绘》的正中央供奉着《释迦三尊像》，借以更加形象地烘托世间万物的存在都是难能可贵，都是佛陀慈爱的对象，表达"世间万物悉皆成佛"这一主题理念。

今天我亲眼看到了实物，更进一步地了解到：伊藤若冲的每一幅绘画作品，都是在极其细致入微地用他手中那支高超娴熟的画笔，来淋漓尽致地描绘着大自然的万物生灵，在强有力地讴歌赞扬生命的辉煌。所以，他的绘画作品至今仍然焕发着感人肺腑的永恒的生命力。

此外，我还有这样一个感觉：伊藤若冲笔下的动物也好植物也罢，生存在这个大自然中的万物生灵都是平等之身。也许这是由于伊藤若冲曾经作为蔬菜水果批发商店的店主，通过日常实际生活接触而获得的独自的世界观。这些展现在我们观赏者眼前，生存于大自然中的动物和植物，都被伊藤若冲的妙笔赋予了完完整整的人格。所以，伊藤若冲笔下所表现出来的这种世界观，就是伊藤若冲绘画艺术作品的隽永魅力之所在。

我认为，对于艺术家来说，保持"某种适当程度"的"孤独感"是必要的。这是因为艺术家的所谓创作灵感往往诞生于只身独居一处之时。但是难能可贵的是，伊藤若冲虽然独居一处尽享孤独趣味，同时又能够深刻地认识和理解人生的艰难曲折。然而自身尽享孤独趣味和感悟他人苦衷这种能力往往难以在同一个人的身上两立并存。伊藤若冲就是一个同时具有这两种生存能力之人。一般来说，所谓"天才"就是同时具有常人不可能同时拥有的两种能力。

你看！这就是伊藤若冲笔下的眼睛。这真是一只妙不可言的眼睛。每当我的思维进入伊藤若冲的绘画世界时，浮现在我眼前的总是这只炯炯有神的眼睛。伊藤若冲仿佛就是曾经用这种眼神观察着整个世界。

《老松白凤图》

你看这只白凤羽毛顶部的红色部分，如果不是偶然的话，这不就是一个个现代派的"心形"标记符号吗？这幅《老松白凤图》的清新构思和绚丽色彩完全不像两百多年前江户时代的绘画作品，如果说是出自现代的年轻画家笔下的崭新作品也不足为奇。我感觉这幅作品可以勾起潜藏在观赏者体内的"摇摆舞"舞姿。如果一边听着摇摆舞舞曲，一边观赏这幅老松白凤图的话，一定非常适宜，一定会十分尽兴。

《芦雁图》

解说员：这幅图完成于伊藤若冲最小的弟弟故去不久，反映了伊藤若冲心中难以抑制的悲哀和对于死亡的恐怖感。

《群鱼图》（章鱼）

这幅图，已经完全摆脱了悲痛和死亡的沉闷阴影，整个画面充满了诙谐幽默的气氛。娴熟而逼真的笔法可以使人感受到出身成长于京都"锦市场"的一家蔬菜水果批发店的伊藤若冲，曾经经历过的极为充实的生活体验。伊藤若冲笔下的鱼类栩栩如生，各色各样的鱼类仿佛正在海洋中嬉水遨游。

《群鱼图》（鲷鱼）

图中的鲷鱼的触角不知为什么断了一截。令人惊叹不已的是鲜红的鲷鱼腹部鳞片的细微工笔及其色彩的艺术效果。

《菊花流水图》

这幅图的创作时期被排在《动植彩绘》的第29幅，菊花的每一片花瓣仿佛摆在餐盘中河豚的"刺身"一样，具有极为形象的立体感和透明感。但是菊花的茎秆却开始枯萎，一部分花枝也弯曲下垂而凋谢。

《红叶小禽图》

该图的创作时期被排在了《动植彩绘》的第30幅，也就是最后一幅。如果仔细观察的话，就不难发现，阳光由整个画面的左上端辐射下来，右下角有一片枫叶离开枝干飘落而下。

"死"

茂木健一郎：我认为，伊藤若冲借助笔下的这片飘落而下的孤零零的枫叶，力图表现"死亡"这一概念。如果仔细地观赏伊藤若冲的绘画作品，就可以明显地感受到伊藤若冲十分注重对整个画面细微部分的艺术构思和技法处理。这幅《红叶小禽图》着力描绘的这片徐徐而落的红叶，就是在警示我们：冬去春来，花开花落，任何人也躲避不开步入衰老和死亡。同时，这片小小的红叶也在告诫我们：哪怕一片即将走向死亡的孤零零的红叶，也和其他正在茁壮地健康成长的枝叶，乃至我们人类一样具有同等的价值和地位。当然，这反映了身为佛教徒的伊藤若冲，通过自身的绘画艺术作品所展示的对于佛教的思想理念的理解和感悟。

在这套多达三十幅《动植彩绘》中，虽然我们看不到任何人的身影，但是通过伊藤若冲基于"世间万物皆为平等之身"这一佛教理念的艺术描绘，尤其是通过一些极为细微地描绘处理，可以使我们深刻地感悟到这样一个哲理：我们人类的生命与世间万物的生命不可分割，具有同样宝贵的价值。

解说员：伊藤若冲将倾注了整整十年心血绘制而成的这三十幅《动植彩绘》连同三幅《释迦三尊像》，共三十三幅一并捐赠给了相国寺。

有马赖底：不少人对伊藤若冲将花费了十年心血完成的巨作《动植彩绘》和《释迦三尊像》捐赠给相国寺的动机很感兴趣。我认为，伊藤若冲一定曾经有过这样一个心结：自己没有能够恪尽长男职守，精心经营家业，而终身从事于绘画艺术创作，给全部家人平添了烦恼和劳累。为了能够使已故家人的冥福世世代代得到祈祷，而虔诚地向相国寺捐赠了这套《释迦三尊像》和《动植彩绘》巨作。

山川草木悉皆成佛

伊藤若冲通过这套巨作展示了佛陀的"山川草木悉皆成佛"的理念。这也就是说，存在于世间的万物生灵的身上都闪烁着佛陀生命的光辉。因此，我们也可以这样说，出自伊藤若冲笔下的《释迦三尊像》和《动植彩绘》这三十三幅巨作完整地体现了"生命"二字的深刻内涵。

《释迦三尊像》与《动植彩绘》

时隔一百二十年重逢

世间万物，小到在地面上爬来爬去的蚂蚁等虫类的身上也同样闪烁着灿烂的生命光辉，这就是我们人类赖以生存的闪烁着生命光辉的地球。伊藤若冲用自己手下的生花妙笔如实地再现了佛陀的这一理念。所以，我们可以这样断定：出自伊藤若冲笔下的《动植彩绘》，并非普普通通的动植物写生绘画作品，而是地地道道的佛教绘画。如果我们能够基于这一观念来观赏伊藤若冲这套巨作，将一定会有崭新的发现，并将受到更加深刻的启迪。

1889年，由于"废佛毁释"而陷于困境的相国寺将《动植彩绘》捐献给皇室，并获得时价一万元的赏赐金。《动植彩绘》拯救了相国寺。《动植彩绘》与《释迦三尊像》融为一体。

解说员：1788年，由于"天明大火"，京都城区烧毁了大片区域。位于京都正中央地区的皇宫所在地"御所"北邻的相国寺也被大火所殃及。值得庆幸的是，伊藤若冲的巨作《释迦三尊像》和《动植彩绘》得以奇迹般地免遭烧毁。

当年，德川幕府第一代将军德川家康捐赠给相国寺的山门——圆通阁也毁于"天明大火"之中。火灾过后，在山门的灰烬中意外地发现了记载着山门创建缘起的"铭文板"。

圆通阁缘起"铭文板"

尘封了两百余年的圆通阁缘起"铭文板"终于显露

了真容。根据"铭文板"上的文字记载可知，这块"铭文板"是德川家康的亲笔手书。

"源家武运与山门同永久矣"

德川家康手书

解说员：这场"天明大火"，发生于伊藤若冲72岁那一年。伊藤若冲在京都的寓所也毁于火中，他多年创作绘制的大部分绘画作品也燃为灰烬。为此，伊藤若冲曾一度迁往大阪居住。为了谋生，他经常不得不割爱拿出自己的绘画作品去籴米糊口。即使陷入极为窘困的生活之中，伊藤若冲也丝毫没有减弱绘画创作的激情，反而更加勤奋耕耘。

《花鸟人物图》屏风（乔·布莱斯收藏）

这幅屏风图的工笔线条流畅柔和。但是，伊藤若冲同一时期的作品中也不乏类似《鹫图》所表现的犀利敏锐的造型。

《鹫图》（乔·布莱斯收藏）

乔·布莱斯

藏品收藏家

乔·布莱斯：这幅《鹫图》是伊藤若冲85岁高龄时创

作的作品，绢本墨色，显示了伊藤若冲高超的绘画技巧。这幅充满了极为丰富的想象力的作品，很难使人相信是出自一位85岁老人之手。从中我们可以知道，即使步入了耄耋之年，但是他的旺盛的创作欲望和表现激情丝毫没有减退，反而不断进步升华，陆续地创作出了许多传世佳作。我认为，"大自然的力量"是伊藤若冲毕生的创作主题。这幅"鹫图"被称为伊藤若冲的"自画像"，伊藤若冲通过笔下的这只矫健的雄鹫，表达了自己虽然身处迫在眉睫的黄昏暮年，但毅然决然地挺身而对的大无畏心境。

《仙人掌群鸡图》隔扇壁画

（现存于大阪西福寺）

解说员：这套隔扇壁画，是伊藤若冲于"天明大火"后不久在大阪创作的。整套作品中的鸡身上已经看不到以往笔下的腾腾杀气，画面上荡漾着一片雌雄夫妇，以及紧紧围绕在双亲周围的可爱的鸡雏之间蔼气融融的气氛，表现了终身未娶的伊藤若冲对于家庭亲情的憧憬。

《野晒图》

（现存于大阪西福寺）

"天明大火"之后，伊藤若冲曾一度身患重病，一直接替自己掌管家业的胞弟也离开了人世。

晚年，伊藤若冲移居位于京都伏见地区的石峰寺近邻，在石峰寺内设计创作了《五百罗汉石像》。

《五百罗汉石像》

早年，伊藤若冲放弃继承家业而走上了绘画艺术创作的道路。晚年，虽然身边的亲人相继过世，但是伊藤若冲依然与孤独相伴，用自己手中的画笔执著地赞颂讴歌生命的灿烂辉煌。

虔诚地皈依了佛门的伊藤若冲，用自己手中的生花妙笔向那些行将凋零萎谢的花朵和枯萎消失的小草，以及伏在地面上任人踏来踩去的微不足道的昆虫们也倾注了无限的慈爱。

我们从伊藤若冲的传世绝作中，一定可以感受到对于辉煌生命的崇敬、无穷变幻的时光，以及面对死亡的平静和觉悟。

伊藤若冲的巨作《释迦三尊像》，以及相国寺、金阁寺、银阁寺的珍宝横跨大洋。

巴黎

解说员：2008年，日本和法国的友好交流迎来了150周年，京都市与巴黎市结为友好城市迎来了50周年。

巴黎市立美术馆

为了筹备1900年巴黎万国博览会，法国政府在巴黎市兴建了这座巴黎市立美术馆。

这是金阁寺金阁顶部的凤凰，这是日本茶道始祖千利休亲笔手书《孤舟载月》。

这是与禅宗理念一脉相通的茶道用具。

有形与无形的禅文化瑰宝汇聚于艺术之都——巴黎

这是2008年10月15日，在巴黎市立美术馆举行的"相国寺、金阁寺、银阁寺珍宝展"的开幕仪式。

茶道里千家传人

千玄室

解说员：首先由日本茶道里千家第15代传人千玄室举行献茶仪式。

千玄室：我经常用"和静清寂"这四个字，向世界各国的朋友们介绍日本茶道的宗旨。其中最为重要的可以说是"敬"字。如果我们都遵循"互敬"的精神，那么不论国籍，不分肤色，没有差别的"无"的世界就一定会诞生于世间。

我们知道，在佛教的世界中，尤其是在禅佛教的世界中，强调用"无"来表现自身的理念。我们日本茶道的宗旨与禅佛教的理念一脉相通。虽然茶人借用茶具并通过一定的形式来表达茶道的宗旨，但是归根结底茶道也是"无"的世界的产物。在茶室这个无限的空间里，茶人与茶客融为一体同心的和合关系，互恭互敬，点茶品茗。在这个无限的空间里，没有一丝一毫身份高低的差别。所以茶道的纯粹、清静、无垢的精神与禅佛教"无"的理念同出一辙。

开山祖师

梦窗国师

解说员：向相国寺开山祖师梦窗疏石献茶。

有马赖底：这就是《释迦三尊像》，中间是释迦牟尼佛，右边是文殊菩萨，左边是普贤菩萨。

巴黎市副市长

哥伦布·布塞露女士

巴黎市副市长：我本人对这个展览会抱有极大的兴趣。这些出展文物可以刺激我们的好奇心，提高我们的鉴赏能力。我认为每一个观赏者都会从中有所发现，有所启迪。

通过这个展览会，我们能够接触和领略一片隽美的世界和意义深远的世界观，更加进一步地感受到充满祥和宽容的人与人之间，以及人与自然之间的关系。

解说员：所谓"异文化交流"，就是在截然不同的文化之中寻找共通而普遍的价值。

参观者A：观赏了这些出展文物，对我感触最深的就是对于自然的崇敬之心。我认为，对于自然的崇敬之心与对于人类的尊敬之心紧紧相连，不可分割。我觉得，整个欧洲欠缺对于自然的尊崇之心，东西方思想文化的差异可能就在这里。

参观者B：看到这些出展文物，我明白了这样一个道理：那就是我们人类，或者客观世界中的事物，以及大自然中的动物植物的所谓"美"，往往存在于并不完整的形体之中。比如，这个道理甚至体现在茶道所使用的茶碗之中。

"本来无一物"

有马赖底：我们知道，禅佛教最为重要的思想理念就是"本来无一物"。这也就是说，心中要始终保持"无一物"的清静状态，要经常彻底地清除心底的一切烦恼。我们每一个人都是赤条条地出生到这个世间，而后又赤条条地返回一切皆无的世界。我相信，禅佛教这个"本来无一物"的思想理念，必将在物欲横流的当今世界日益传播开来。

解说员：在佛陀的思想理念中，世间万物一切平等，一切皆空。古往今来，塞纳河水奔流不息，旧影难觅。抚今追昔，禅佛教的思想理念，永远照耀环宇。

2010年5月27日，已故画伯岩泽重夫的绝作《金阁寺客殿隔扇壁画》六十幅终于大功告成了。

有马赖底：这幅《日出图》，一轮红日从东方碧蓝的波浪中喷薄而出，象征着日出之国的人民渴望和平的愿望。这是一整块珍贵的榉木木板，无论木纹还是色泽都与《日出图》浑然融为一体，起到了烘托整个画面气氛的特殊效果。这个房间的选材和布局装饰突出了"天然"这一主题，完美地展现了大自然的瑰丽景色。

据岩泽重夫先生本人介绍，这个多宝格式橱架背景的《古松图》，是他本人亲自多次前往江户幕府第一代将军德川家康的离宫"二条城"，实地临摹古画绘制而成的。

这边一幅是《垂樱图》。还有一幅是《红白梅图》，古梅枝干粗壮，花朵绚丽。枝头前方一只和平鸽在彩虹中展翅翱翔，寄托着渴望和平的美好愿望。和平鸽乘着彩虹，朝着太阳飞去，一直飞向接下去的两个房间，构成了一个憧憬和平的美妙世界。

岩泽重夫先生毕生酷爱自然，憧憬和平。他的作品都是以壮丽的大自然为题材，描绘讴歌无比宝贵的自然，抒发人类对大自然的感恩之情。

这个房间的画面焕然一新，代表了极为典型的"抽象画派"的艺术创作风格。如果我们把隔扇合起来的话，就可以更加感受到其中的艺术氛围。据岩泽重夫先生介绍，画面上分别使用了24、18和10K金的金箔。随着岁月的流逝，各种不同成分的金箔将日益明显地发生色泽变化，从而更加清晰地烘托出整个画面的主题。

隔扇的拉手部分也注意配置了十分谐调的色彩。

这幅樱花，描绘的是位于京都郊外京福町的"御车返樱"。14世纪初，北朝的第一代天皇光严天皇外出赏樱，由于感慨这棵樱花壮观至极，所以流连忘返，数次走下御车返回原地继续观赏，最后步行返回了京都，后人依此将这棵樱花命名为"御车返樱"。岩泽重夫先生曾经满怀深情地说："樱花树迟早要走向枯萎，我用画笔把它留在世间，后人就可以世世代代地观赏下去。"

这幅《御车返樱》是用银箔和白金箔创作的。我们知道，白金箔是不会褪色的，但是一般过了五六年后，银箔就要逐渐发生色泽变化，这样一来，这两种贵重金属的色泽就会构成极为鲜明的对比变化。所以，岩泽重夫先生曾经寓意深长地对我说："过了十年左右，您一定会更加清楚地体会到我的创作意图和用心。"也就是说，岩泽重夫先生着眼于今后十年，不！应该说着眼于未来，独具匠心地创作了《御车返樱》。

岩泽重夫先生在这里使用了些许淡淡的粉色，用樱花的象征色彩来烘托整个画面的视觉效果。为了实现和岩泽重夫先生许下的诺言，看来我还要争取再活十年。但是不论如何，岩泽重夫先生的这幅杰出的艺术作品将与金阁寺永存，五十年、一百年，以至永远。

我们刚才在《日出图》那个房间见到的和平鸽，一直乘着彩虹朝着太阳飞翔。不知道各位注意到没有，在各个不同角度看到的每只和平鸽的颜色都在发生微妙的变化。

另外，请各位再仔细注意一下整个画面的色彩。据岩泽重夫先生介绍，如果身着彩色和服的女性走近画面时，画面上将会映衬出服饰的色彩，从而产生如临其境的艺术效果。这里也略微使用了些许粉色。

我们再继续往下看吧。这是我们看到的第三个房间。这个房间的隔扇壁画也很有特色，它祛除了所有人为的雕琢和装饰，恢复了山峦固有的真实姿态。岩泽重夫先生仅仅勾勒出了远山的线条轮廓，山间仅仅装点了些许绿色。这是飞流直下的瀑布。这幅隔扇壁画使用了白金，但是如果我站在不同的角度来观赏画面的话，就可以感觉到呈现在眼前的仿佛是黄金的颜色。据岩泽重夫先生介绍，这是由于我身上穿着的这件古铜色袈裟的颜色反射到画面上的艺术效果。

刚才，请各位欣赏了第一个房间的《日出图》，这里描绘的是春天夜晚的朦胧月色。两侧延伸过来的是刚才那棵《御车返樱》的枝干。樱花的花瓣随着徐徐吹来的春风飘然而落，一直飘向远方。我们虽然置身于室内，却仿佛可以感觉到春风荡漾在整个空间，令人感受到强烈的春天气息。这就是所谓绘画艺术的不可思议的力量吧？

我认为，所谓日本画的源流应该说还是"水墨画"。我们相国寺历史上曾经诞生了以雪舟等杨为代表的一批名留绘画史册的杰出画僧。所以我觉得走进这第三个房间，就仿佛自然地进入了一个水墨画的世界。

一般来说，一幅绘画作品真正的艺术价值将随着岁月的流逝而变化，有待于后人的验证和评价。所以，我认为岩泽重夫先生的这套巨作的艺术价值要有待于百年之后的后人评说。

在日本历史上，很多杰出的绘画艺术作品往往佚失或毁坏于个人收藏家之手。相反，收藏在佛教寺院或神社的此类文物往往得到了较好的保存，流传长达几百年之久。所以，历史上的一些画坛泰斗往往将自己的佳作捐赠给寺院或神社。作为守护这些宝贵的绘画艺术作品的一名出家人，我完全能够体会到这些杰出的艺术家的良苦用心。我们佛教寺院或神社担负着保护珍贵文物的义不容辞的重大责任和义务，我们要通过自身不断地努力，用我们的双手将具有宝贵价值的绘画艺术作品世世代代地保护传承下去。

多年来，由于职业和爱好的关系，我接触到了不可计数的历史文物，逐渐增长了见识，开阔了艺术鉴赏的眼界。我负责管理经营的相国寺承天阁美术馆每周都有不少相关人士前来交流切磋。一件杰出的艺术作品，只要你看上一眼，就会在短短的几秒钟内被其散发着的无穷魅力所倾倒折服。

这个过程也可以说是鉴赏者与创作者心灵之间的相互感应，这是一个"以心传心"的极为短暂的瞬间。艺术鉴赏的所谓"诀窍"完全在于这短暂的瞬间。

鉴赏和判断艺术作品的优劣程度如此，判断或者评价一个人物也是同样的道理。当对方开口道出"你好"这两个字的时候，我就已经基本上了解了对方的为人和秉性。不少朋友经常不解地问我："您怎么看得那么准？"我往往淡然一笑处之。归根结底，对待某件事物或者某个人物的看法完全在于短暂的瞬间。

解说员：鲜花终将枯萎凋零而去，春风传来岁月流逝的脚步。美，存在于光阴荏苒之中。"风定花犹落，鸟啼山更幽。"

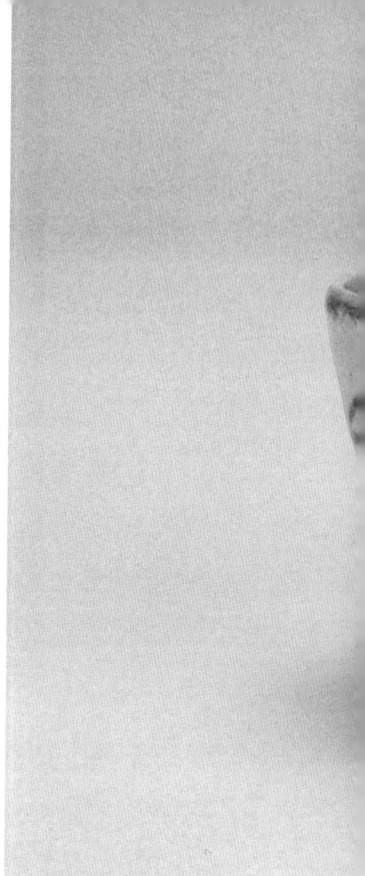

"通过茶实践禅，以禅僧和茶人的姿态走在时代的前列，弘法利生，弘扬传统文化。"

——千宗屋

《锈绘寒山拾得图茶碗》

野々村仁清 制作

尺寸 75×12.8×4.9cm

江户时代　现存于鹿苑寺

茶汤与相国寺

千宗屋

千宗屋

1975年生于京都市，现为茶道"三千家"之一"武者小路千家"第十五代传人后嗣，明治学院大学日本美术史客座教授。2001年毕业于庆应大学研究生院，2003年承袭嗣号"宗屋"，同年，师从已故临济宗大德寺派前任管长福富雪底，获赐"随缘斋"斋号。

2008年至2009年，作为日本"文化交流使者"前往纽约，开展文化友好交流活动。在国际文化交流中，加深了有关"茶汤"文化的考察与实践。著有《茶——千利休与今天》（新潮社）、《至高无上的礼物——家犬》（小学馆）、《通俗茶席禅语》（世界文化社，与有马赖底合著）等。

相国寺与茶汤的殊胜因缘

在行业内部，人们诙谐地评论京都的佛教寺院时，习惯使用内含"面孔"或"特色"字义的"○○面"字来称呼。比如，临济宗相国寺派大本山相国寺被称为"声明面"，临济宗大德寺派大本山大德寺被称为"茶面"。此外，临济宗其他各派的大本山，如建仁寺被称为"学问面"、东福寺被称为"伽蓝面"、南禅寺被称为"武士面"、妙心寺被称为"算盘面"等等。

由于与日本茶道始祖千利休特殊的历史因缘关系，世人一般公认大德寺与茶汤的密切关系。我们不应将茶汤的历史完全归结于千利休一个人身上，在历史发展的长河中，相国寺也与"茶汤"结下了不解之缘。

相国寺与"茶汤"的因缘，可以上溯到千利休诞生前两百年左右的室町时代。众所周知，早在平安时代，"茶"就已经作为一种饮料传到了日本，在一部分贵族及僧侣之间逐渐流行开来。但是，当时的茶叶还是一种奢侈品，还只是上流社会的饮料，并没有在一般社会阶层得到推广和普及。

不久，蒙古人（元朝，1271—1368）入侵中原，宋朝灭亡。中国禅僧畏惧于元朝的清洗镇压而大量地流亡日本。中国禅僧西行扶桑，将中国禅宗寺院的规章制度和礼仪规范等原封不动地移植到了日本。当时的佛教寺院不仅作为所有中国最先进文化的集聚地，发挥着类似今天的大学这一研究机构的功能，而且还作为接触中国文化的教养中心，成为武士、贵族乃至文化人经常出入光顾的场所。

其中，冠以"相国"，即一国的"宰相"——足利义满将军之官名的"相国寺"，在室町幕府第三代将军足利义满的格外庇护下，作为文化交流的中心创建于日本政治的枢纽"花之御所"（足利义满的府邸，室町殿的别称——译注），即室町幕府所在地的近邻。当时，协助幕府将军家打理内外事务的画僧周文，以及代表室町文化的水墨画泰斗雪舟、小栗宗湛等几乎都出自相国寺。此外，相国寺禅僧龟泉集证、景徐周麟、瑞溪周凤等"五山文学"的先驱辈出，相国寺发挥了促进室町文化成立与发展的中心作用。

禅宗寺院依照《禅苑清规》这一"规范"来严密地规定约束禅僧日常的起居、进斋，清扫、功课等作息时间，以维持和保证寺院内部井然有序的修行生活秩序。按照规定，早斋后要举行"茶礼"，通过饮茶这一日常生活中司空见惯的行为，将处于修禅问道的自身与日常生活截然地隔绝开来，检点自身当日的活动。不仅禅宗寺院，日本的武士阶层也从"茶"这一日常生活的饮料中发现了极大的魅力。

"书院茶" 至 "禅茶"

相国寺的分院金阁寺，即鹿苑寺为幕府第三代将军足利义满所创建。当年，足利义满将军接受了"公家"（当朝之臣——译注）西园寺家族的馈赠，作为政治指挥的枢纽，将西园寺家族的别墅改造成为可以与"御所"，即皇宫媲美的"山庄"。作为"臣下"，足利义满将军首次将后小松天皇请至自己的宅邸，连续八天大摆盛宴。当时的穷奢极欲似乎与所谓"闲寂、古雅"的茶汤精神背道而驰。然而，出于更有效果地装饰摆设贵重的"进口"器皿的需要，诞生了"床间"即壁龛，以及多宝格式橱架、书院等，并且在室内木地板上铺上了"榻榻米"（日式草席——译注）。以这一崭新的生活空间为基准，诞生了有别于中国式的禅院"茶礼"，以"书院"为舞台的日本式"茶礼"。

进入第八代将军足利义政的时代以后，幕府将军的军事政治权威逐渐走向衰落，其后爆发的"应仁之乱"（1467—1477发生于室町幕府第八代将军足利义政任期内，以东军细川胜元和西军山名宗全为首的两股军事势力围绕权力继承而在京都展开的抗争。战火燃遍京城大街小巷，幕府权威扫地。日本社会乃至文化发展进入了一个划时代的历史时期——译注）的战火使得大量贵重的"唐物"（广义上泛指中国传来的工艺美术品，窄意上特指宋

《锈绘寒山拾得图茶碗》
野々村仁清　　制作
尺寸7.5cm×12.8cm×4.9cm　　江户时代　　现存于鹿苑寺

　　寒山与拾得是中国唐代的隐士，为勃兴于宋代的中国禅宗所吸引，其独特怪诞的行迹常被作为历代禅画的画题。该茶碗侧面以优雅的笔致描绘了双手摊开经卷的寒山，以及手持笤帚的拾得。野々村仁清是江户时代前期的制陶工匠，传为京都丹波人，本名为野々村清右卫门。早年曾赴濑户修习陶艺，后前往京都专门从事制陶。经茶人金森宗和的推举，获许在位于京都西部的御室仁和寺门前开窑营业。善于运用"莳绘"技法烧制彩绘陶器，尤以烧制茶壶、"水指"（茶道用水罐——译者注）、香炉等见长，其传世作品大部分皆为国宝或重要文物。

元明时代传来的工艺美术品——译注）毁于战火，整个京城也几乎化为灰烬。厌恶战乱之世的空气弥漫整个社会，饮茶方式开始向注重精神内涵方向扭转。在这样的社会形势下，一种新的饮茶方式在——"方丈"（一丈见方，即四张半草席），采用"和物"（即国产茶具），而不是单纯依赖于"唐物"（即舶来茶具），以诚相邀与所选用的茶室空间环境相适的茶客，即后世称之为"佗茶"的饮茶方式诞生了。

对"应仁之乱"所造成的战乱束手无策的足利义政将军为了躲避战后的混乱和荒废，隐居东山殿（现在通称"银阁寺"——译注）内书斋"同仁斋"，揭开了这种新型饮茶方式的序幕。正如《山上宗二记》（1588年，千利休的高足山上宗二所撰关于茶汤道具的秘传书，对其后的茶道界影响极大——译注）所记载："茶汤样式皆依禅意"，"茶汤源自禅宗，乃禅僧之所行，珠光佗茶（1423—1502，即"佗茶"之主村田珠光——译注）、绍鸥（1502—1555，从"佗茶"之主门人宗陈宗悟修习茶道，奠定了"佗茶"的基本模式，并将其传至千利休——译注）皆属禅宗。"从此，"茶汤"步入了以禅宗思想为理论基础的发展道路。

《濑户黑茶碗》
千利修生前所持
宗旦题款木盒　尺寸7.8×11.5cm
桃山时代　现存于慈照寺

　　所谓"濑户黑茶碗"，专指桃山时代天正年间（1573—1592）在美浓窑（原美浓国，即现岐阜县东南部地区出产的陶瓷器总称"美浓烧"，其产量居全国之首——译者注）烧制的黑色茶碗，以碗壁略薄的圆筒形为多，碗底座所谓"高台"部分较为窄小，碗姿特点为端严庄重。千利休生前所持的该茶碗，不论做工还是形状都充分地展现了濑户黑茶碗的存在感，并且兼具闲寂趣味和强壮美感，堪称濑户黑茶碗中的名碗。"高台"旁侧刻有千利休的"画押"，木盒题有千利休之孙宗旦亲笔鉴定题字，以及了々斋（1775—1825，茶道表千家第9代传人——译者注）、即中斋（1901—1979，茶道表千家第13代传人——译者注）的鉴定签署，可以证实该茶碗的正统流传历史。

"佗茶"的成型与千利休的诞生

　　"连歌师"心敬将"连歌"（兴于镰仓时代，大成于室町时代的日本传统诗歌形式——译注）艺术的精髓归纳为"冷枯"二字，以"能乐"、"花"（即"花道"——译注）、"茶汤"为代表的室町文化的美学意识都贯穿着注重"冷枯风趣"这一美学意识。然而，千利休"诞生"于这种美学意识成立之前。

千利休"诞生"的标志为天正二年（1574）三月二十四日。被誉为"茶汤三宗匠"的津田宗及亲笔撰写的《信长茶会记》中记载：织田信长（1534—1582战国时代著名武将，在手下重臣明智光秀发动的兵变中自尽——译注）邀请津田宗及和今井宗久（与千利修并称为"茶汤三宗匠"——译注），以及时年五十二岁的千利休参与了在相国寺举办的茶会，这是关于千利休正式登上茶汤历史舞台的最初的文字记录。天正二年春，正是长次郎（日本茶道所用茶碗"乐烧"始祖，在千利休的指导下，烧出了独具"枯淡古朴"情趣的茶碗——译注）烧制的刻有"天政二年春依（宠）命，长次郎造之"雕铭的"狮子像"诞生的时节。长年以来，在茶汤盛行的堺这一地区的茶人中占有一席之地的"佗茶"倡导者之一的千利休，终于登上了"天下一大宗匠"之席。

为了准备此次茶会，千利休创作了独具匠心的"中节茶勺"（将竹节留于竹制茶勺中间部位的茶勺，由千利休继承创造——译注）和竹制"花生"（装饰茶室插花用的花筒或花瓶——译注），长次郎奉千利休之命烧制了红黑两色相间的"乐茶碗"，千利休还创建了名流茶汤史册的微型茶室"待庵"（国宝，现存于大德寺内——译注）。千利休由此开始了长达十年的荣耀而短促的茶人生活，直至最后走向"终焉"。

千利休过世以后，"茶汤"走上了一条多样化的发展道路，而其中一枝独秀而力挫群芳的凤林承章（1593—1668）本人就是鹿苑寺住持、相国寺第95代当家名僧。凤林承章为安土桃山时代（16世纪中叶以后，战国时代著名武将织田信长和丰臣秀吉统治的巅峰时代——译注）的"朝臣"劝休寺晴丰的第六个儿子。作为武家文化象征的禅宗僧侣，凤林承章可以说是一个代表着该时代特征的"混合产物"。

在江户时代初期，为了与不断强化封建专制的江户幕府抗衡，活跃在各个领域的文化人汇聚一处，结成了"宽永（1624—1644，后水尾明正后光明天皇当朝的年号——译注）文化沙龙"，凤林承章就是该文化沙龙的核心人物之一。

凤林承章驻锡相国寺期间，小堀远州、金森宗和等武家出身的茶人，以及千利休之孙千宗旦，千宗旦的次子、"武者小路千家"（与表千家、里千家并称为茶道"三千家"，取京都的"武者小路"之街道名称而定名——译

注）的创始者一翁宗守，表千家的江岑宗左等赫赫有名的茶人皆为相国寺的座上宾。风林承章还根据自身喜好设计茶碗，专门指定"京烧"之祖野村仁清亲手烧制，对该时代茶汤的发展产生了巨大的影响。

不仅茶人，以狩野探幽、土佐光起为代表的画师也经常往来，乃至后水尾天皇也屡屡驾临相国寺。相国寺成为"宽永文化"的传播基地。至18世纪，被誉为京都禅林诗僧之冠的相国寺第113代当家和尚大典显常，除了积极声援江户时代京都画坛奇才伊藤若冲，还撰写了日本第一部《茶经》的注释书《茶经详说》，并与"煎茶道"的中兴之祖卖茶翁交流往来，过从甚密。

禅文化的传播基地——相国寺

相国寺创建以后，各个历史时代都涌现出了许多卓有才干而个性丰富的禅僧。相国寺不仅作为京都的佛教信仰中心，而且作为传播先进文化的大本营，不断地发挥着重要的历史作用。

步入现代以后，以有马赖底管长为代表的相国寺禅僧继往开来，在弘法利生及对外文化交流方面，为日本佛教界树立了典范。朝气蓬勃的相国寺禅僧对相国寺的佛法兴隆，乃至整个社会的最大贡献在于相国寺承天阁美术馆的创建。

昭和五十九年（1984），承天阁美术馆在相国寺内竣工开馆了。与迄今为止许多寺院既存的收藏寺宝的所谓"宝物馆"不同，相国寺承天阁美术馆作为收藏和展示工艺美术文物的对外开放设施，在京都佛教界一花独秀。特别值得一提的是，开馆当初就展示了江户时代京都画坛奇才伊藤若冲绘制的《月夜芭蕉图》。

有马赖底长老就任临济宗相国寺派管长以来，致力于搜寻收购原属于相国寺，而由于一些历史原因散失在社会上的重要佛教文物。此外，基于有马赖底管长本人的远见卓识，每年还陆续地增购收藏了大量新的美术作品。开馆之初，主要收藏展示与相国寺创建者足利将军家族相关并体现了室町文化特色的工艺美术作品，而现在已经扩大至系统地反映整个日本美术特色这一范围。

"墨迹"与茶和禅、茶与相国寺

承天阁美术馆收藏着若干件与茶汤密切相关的美术作品，首屈一指的当为梦窗疏石的墨迹《别无功夫》。说到梦窗疏石，当然是公认的相国寺开山祖师。但是，室町

《贴地月夜芭蕉图》
伊藤若冲 绘
重要文物 贴地装饰 现存于鹿苑寺

　　鹿苑寺（即金阁寺——译者注）内的大书院建于贞享年间（1684—1688）。宝历九年（1759）相国寺第113代当家和尚梅庄显常（即大典显常禅师——译者注）门弟龙门承忧升任鹿苑寺第7代住持之际，作为升座纪念，由早已赏识伊藤若冲真才实学的大典显常举荐，在大书院绘制了这幅隔扇画。该作品完美地显示了写实性与装饰性的相互调和，被誉为伊藤若冲大幅水墨画的代表作。

《美术纸笺形叶虫香盒》
野々村仁清　制作
尺寸　2.8×7.2cm　江户时代
现存于大光明寺

　　该香盒美术纸笺正四角形盒盖上，翻卷镶贴着一张带有蛀痕的虎杖树叶，树叶上屈栖着一只叶虫。盒内赫红色的内釉上绘有金色网线，香盒四角配置四只蝴蝶，独具风雅精湛意象。为独创"彩绘陶瓷器"而被尊为"京烧"（发源于16世纪末的京都出产的陶瓷器总称 ——译者注）之祖的野々村仁清的雕塑作品。

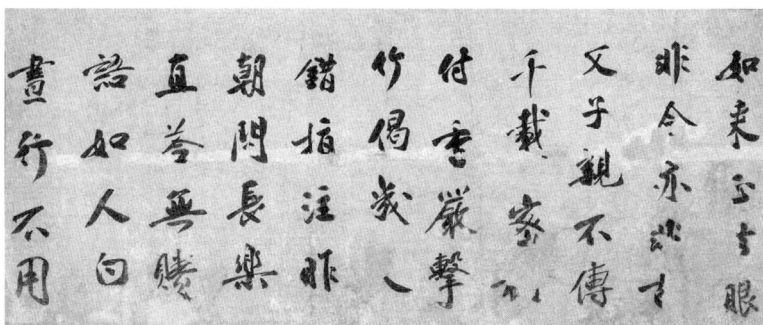

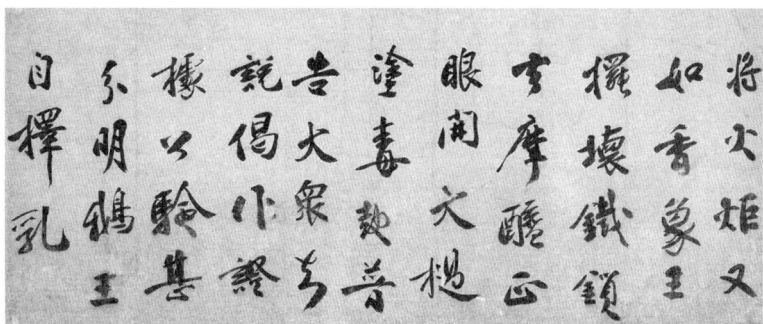

无学祖元墨迹《与长乐寺一翁偈语》

国宝 四幅 对轴纸本墨书 尺寸 36.2×85.8～85.9cm

镰仓时代 现存于相国寺

　　来日弘法不久的无学祖元门下，曾经同为中国南宋禅僧无准师范门徒的上野国（今群马县——译者注）长乐寺住持一翁院豪（1210—1281）前来拜访，请求无准师范禅师"垂示"（在禅门，指禅师向僧众开示说法——译者注）。无准师范禅师遂与一翁院豪交谈佛法，一翁院豪对答如流，毫无破绽。无准师范将与一翁院豪对谈经纬书于纸上，上堂向僧众展示并说偈演法，即《与长乐寺一翁偈语》。通篇文字布局相间有序，字体舒展豪放，被誉为禅林墨迹中的杰作。

无学祖元（1226—1286）为中国南宋禅僧，弘安二年（1279）应镰仓幕府"执权"（辅佐幕府将军的执政官——译者注）北条时宗盛邀来日弘法；先入镰仓建长寺，后应请移锡圆觉寺升座开山住持，被誉为日本临济宗发展的奠基者。

幕府的第三代将军足利义满创建相国寺之际，曾经选定春屋妙葩担当开山第一代祖师，由于春屋妙葩本人的极力举荐，所以最终确定室町幕府第一代将军足利尊氏参禅之师、春屋妙葩本人的叔父，已故的梦窗疏石为开山祖师，春屋妙葩继后为第二代住持。

《别无功夫》，在具有象征性地位的相国寺开山祖师梦窗疏石的墨迹中堪称佳作，不仅笔势遒劲，同时又具有中国禅僧罕见而日本禅僧独具的较为柔和的草书特征。这幅《别无功夫》最为适合茶室的"茶挂"装饰欣赏，但是最初并不是出于这一目的。我本人推断，这幅《别无功夫》原本是为了悬挂于室内房柱上的一副对联中的一联，即与"放下即是"为一对。据《君台观左右账记》记载：慈照寺，即银阁寺内"东求堂"隔壁的房间曾经悬挂过开山祖师梦窗疏石所书的一副对联墨迹。因此，可以证实当初作为室町幕府第八代将军足利义政的"山庄"所兴建的"东山殿"，即曾经盛开过室町文化之花的场所早就悬挂过这副对联，并说明这是一幅极为珍贵的墨迹。

在日本，悬挂装饰"墨迹"的房间本为私人修身养性的"冥想室"。一般来说，对外开放的场所悬挂装饰所谓"唐绘"（最初特指绘制于中国的绘画作品，其后泛指在日本绘制的以中国为题材的作品，或根据不断传入的中国画的绘画技法，在日本绘制的绘画作品——译注）和陶瓷器皿，迎宾待客。

永享九年（1437），后花园天皇行幸室町幕府第六代将军足利义教的府邸"室町殿"（为室町幕府将军的府邸，由第三代将军足利义满始建于1378年，庭院内花草繁茂，故亦称"花御所"——译注）之际，就曾观赏过其府邸内用于坐禅冥想的隐居书斋。当时，这间书斋里没有悬挂绘画，而是悬挂了物初大观的墨迹。由此可知，当时迎宾待客的所谓"喜庆"房间悬挂"唐绘"，而私人书斋则悬挂"墨迹"。其后，"墨迹"主要悬挂于茶室，这意味着当时茶室是一个接待可以敞开胸襟而谈得极为亲近来客的私用空间。所以，我认为《别无功夫》就是一幅连接茶与禅、茶与相国寺的墨迹。

其次，无学祖元（1226—1286，镰仓时代来日弘法的临济禅僧，为临济宗佛光派之祖——译注）赠予同为无准师范门下弟子的一翁院豪（1210—1281临济宗佛光派僧，曾入宋随径山无准师范参禅修道——译注）的偈语《与长乐寺一翁偈语》（国宝级文物——译注）也是一幅代表相国寺所存文物的墨迹。再次，无学祖元与高峰显日（1241—1316，临济宗僧，为后嵯峨天皇皇子。其门下梦窗疏石等名僧辈出——译注）的"笔谈"记录《问答语》（国家重要文物——译注）也极为珍贵，历史上分别保存于鹿苑寺和相国寺各一幅。

承天阁美术馆馆藏的水墨画和宋元代绘画

承天阁美术馆馆藏的水墨画及中国宋代和元代绘画，格外引人注目。与茶汤有关的馆藏作品之首，当推传为牧蹊（宋末元初的著名禅僧画家——译注）所绘《江天苍雪》。据史料记载，室町幕府第三代将军足利义满曾持有被称为"大轴"和"小轴"的两卷《潇湘八景图》，所以《潇湘八景图》的十六景绘卷理应全部流入了日本。

《江天苍雪》为"小轴"卷末一幅，几经易主后回归了承天阁美术馆，可以称之为一幅因缘殊胜之作。这幅佳作淋漓尽致地表现了"冷枯"这一室町时代美学意识所欣赏的寂静雪山景色，正如"残山剩水"之言所表达的"余情飘逸"的一片世界。

其次，承天阁美术馆馆藏陶瓷器文物十分丰富，最为知名的有配置于雕漆天目台上，被称为"建盏银天目"的天目茶碗，以及镶刻着"雨龙"铭文的宋代砧青瓷茶碗。众所周知，历史上曾经有过"茶碗"即意味着"青瓷"的时代，所以这盏砧青瓷茶碗揭示着早期茶具的罕见式样，堪称一件极为珍贵的历史文物。

日本茶道始祖千利休手书的嬉戏之作《半身达摩自问自答》鲜为人知。这幅手书上绘有禅宗祖师达摩半身像，达摩半身像旁书有将面对达摩像的自身譬喻为面壁九年的达摩而自问自答的"和歌"。从这幅手书中，我们可以窥见身为"茶圣"的千利休那不为人知的诙谐的性格特征。

此外，江岑宗左（1613—1672，表千家第四代传人——译注）手制的镶刻着"相国寺"铭文的"茶勺"也值得一提。我分析，这只"茶勺"可能是当年江岑宗左赠送凤林承章之物。据有关史料记载：江岑宗左之兄一翁也应邀出席了凤林承章举办的欢宴，并当场吹笛助兴。可以想见当时茶道"千家"与相国寺的交流往来的一幕盛况。

众所周知，茶道起源于禅宗寺院，饮茶习惯进而流布世间。日常生活中的"茶饭"之事通过与禅即宗教哲学伦理美学等融合，升华为独具特色的综合性的日常生活文化，乃至审美艺术和宗教的非日常实践活动。在当今现代社会，禅僧温习饮道者并不为多，而有马赖底管长本人茶道造诣颇深，闻名禅林和茶道界。

禅僧亲近"饮茶"之事，可以通过茶室这一狭小的空间，在"圣"与"俗"之间打造一个所谓"真空地带"。借助这一空间地带，"圣者"可以便捷地接近"俗人"，而"俗人"也可以瞬间靠拢"圣者"。在这一"圣俗"相伴的世界里，禅人与俗人围绕"茶釜"屈膝而坐，通过"茶余闲言"，极为自然地将拘谨晦涩的"高堂法语"涓涓不断地灌入俗人的心田。身着袈裟端坐在悬挂装饰着禅语的"茶挂"（悬挂于茶室内装饰用字画的总称——译

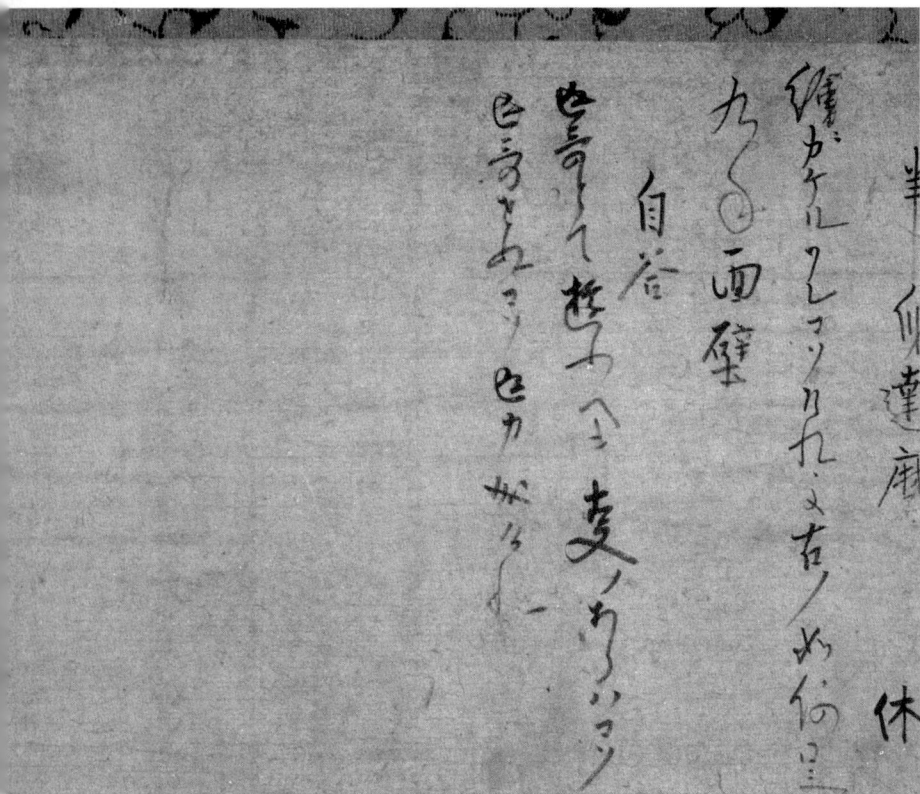

千利休 书 《半身达摩自问自答》
挂轴单幅　　纸本墨书
尺寸29.0×39.0cm
桃山时代 现存于大光明寺

　　这幅《半身达摩自问自答》的内容为："画中所绘，正为吾身。何谓往昔九年面壁，自答：须答而不答乃吾答也。"达摩生于南天竺（印度）婆罗门族。六世纪初东行前往中国，辗转各地传播禅法，被尊为中国禅宗始祖。达摩北上北魏都城洛阳，后驻锡嵩山少林寺，面壁九年，坐禅修道。千利休将自身喻为达摩，自问："达摩为何面壁九年？"而后自答："将不答作为自己的答案吧！"借以阐发自身的茶道哲学。

千利休 手书《孤舟载月》
挂轴单幅　纸本墨书
尺寸73.0×26.5cm
桃山时代　现存于鹿苑寺

　　这幅挂轴所书"孤舟载月"四字，摘自《禅林句集》中"孤舟载月洞庭湖"一句中的前四字，咏唱一只孤舟载着明月漂泊在中国洞庭湖上的情景。极为刚健而有力的笔触仿佛出自身经百战的武士之手，不失为一幅极具个性的书法佳作。千利休（1522—1599）为桃山时代的茶人，茶道"千家流"开祖。千利休出身于和泉国的堺（现大阪府堺市——译者注）的一家出租商用仓库的商人千与兵卫之家。及长，从相阿弥流派的北向道陈修习茶道。其后，拜师武野绍鸥门下，成就了"侘茶"。曾先后侍奉战国著名武将织田信长和丰臣秀吉，深受恩宠，后因触怒丰臣秀吉，被赐令切腹自尽。

注）前，烧水煮茶，把盏待客的禅僧的"舞台形象"远远胜出了"亭主"（担当茶会东道主的茶师——译注）。

有马赖底管长继往开来，积极弘扬禅僧优良传统，身体力行，实践大乘佛教弘法利生宗旨。通过日常"饮茶"之事，使深奥难解的佛法形象而通俗易懂地流入闻法者心田。有马赖底管长通过"茶"实践"禅"，其所展现的禅僧和茶人的姿态，代表了经常走在时代的前列弘扬传统文化的相国寺的典范形象。

若冲与相国寺

狩野博幸

狩野博幸

　　昭和二十二年（1947）生于福冈县。九州大学研究生院博士课程毕业，先后任九州大学助教、帝冢山大学副教授、京都国立博物馆研究官，现为同志社大学文化信息系教授。主要著作有《伊藤若冲大全》（小学馆出版社）、《曾我萧白百通》（东京书籍出版社）、《非凡的画家——伊藤若冲》（新潮社）、《怪异的画家——曾我萧白》（新潮社）、《江户绘画奇妙的真实》（筑摩选书出版社）等。

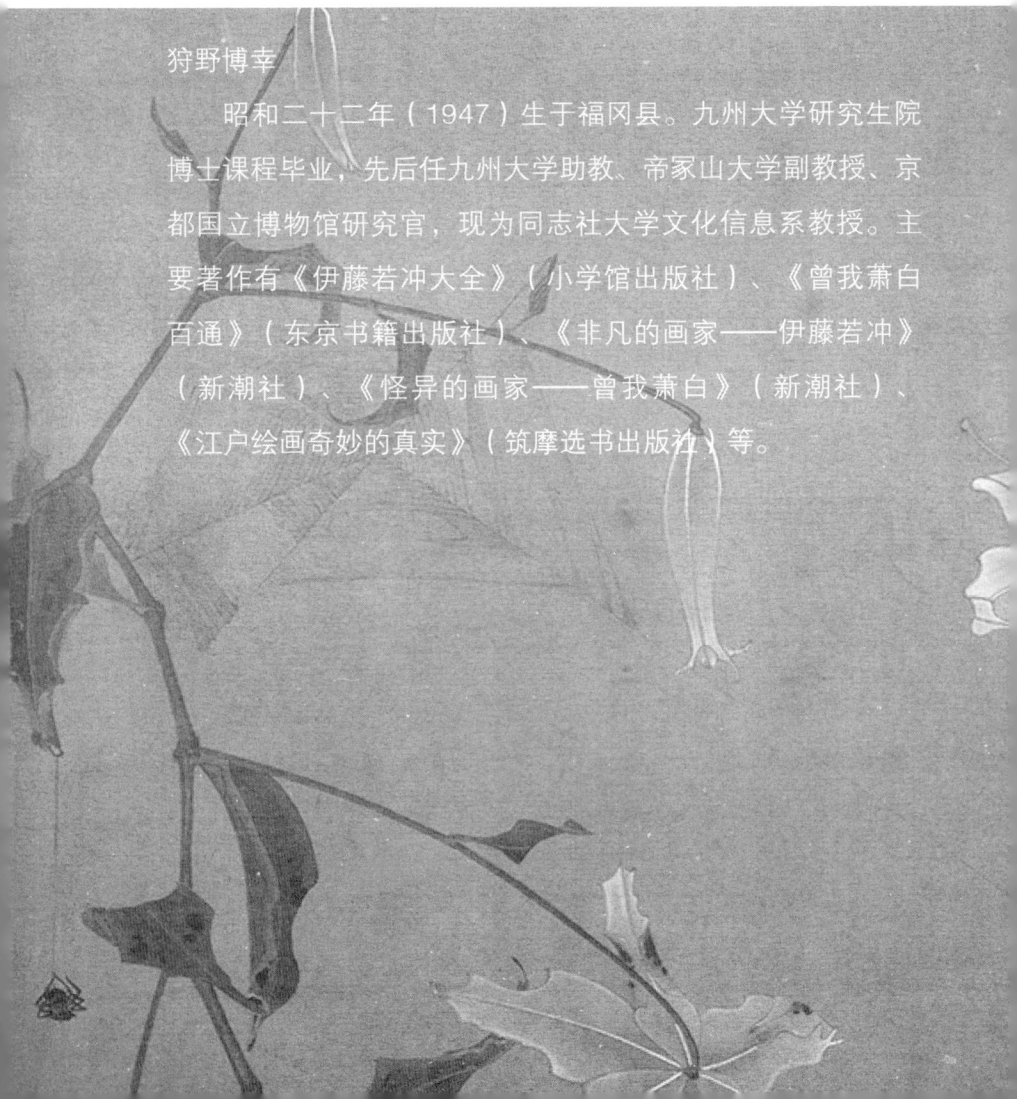

"身为净土宗信徒的伊藤若冲如若没有亲近以临济禅为宗旨的相国寺，也就绝不可能成为当今日本最负盛名的画家。"

伊藤若冲与大典显常的殊胜因缘

这是一段仅仅十年前的往事，但是对于我个人来说却仿佛更加久远，虽然只不过短短的十年光景。

2000年秋，我作为京都国立博物馆近世绘画研究官（翌年，京都国立博物馆机构改革为"独立行政法人"，故现在改称为"研究员"）负责策划了"若冲逝世二百周年展"。其后，日本全国各地兴起了被称为"若冲热潮"这一意料不到的社会现象，光阴荏苒，一转眼十年就过去了。

关于出身于京都锦小路一家名为"桝屋"的"青菜批发店"（并非蔬菜水果店）的伊藤若冲的生平传记，两份有据可考的原始历史资料都与相国寺僧侣大典显常有关。其中一份为大典显常的笔录集《小云栖稿》所收的〈藤景和（即若冲）画记〉，据推测，该〈画记〉作于宝历十年（1760），伊藤若冲时年45岁。

另外一份原始历史资料，为明和三年（1776）伊藤若冲年满51岁之际，在相国寺"塔头"寺院松鸥庵所建的"寿藏"（生前建造的墓冢——译注）上雕刻的碑铭。该"寿藏"背面及左右侧雕刻着《若冲传》，一般称为《斗米庵若冲居士寿藏碣铭》。

大典显常禅师与伊藤若冲过从甚密，依据伊藤若冲日常所言，由大典显常禅师撰写的这两份原始历史资料，当然可以称之为考证伊藤若冲其人其事的基本资料。

相国寺第113代住持大典显常，享保四年（1719）五月出生于近江国（现滋贺县——译注）神崎郡。禅师大典显常虽然比江户时代的蜚声京都画坛的画师伊藤若冲小三岁，但是他不遗余力地声援伊藤若冲，最终使伊藤若冲的绘画艺术达到了登峰造极的地位。

大典显常禅师旧姓今堀，其父为医生。大典显常禅师8岁那年，举家迁往京都后，其父当即就把他送入京都的宇治黄檗山万福寺（日本黄檗宗的大本山——译注）的华严院落发为僧。后来，又因故转入临济宗相国寺派的慈云院，如果借用现代语言来说，就是由于遭受"捏软和歧视"之故。十一岁，大典显常从慈云院住持独峰和尚得度。

独峰禅师圆寂后，大典显常禅师继任慈云院院主，宝庆九年（1758）年满41岁的大典显常禅师向大本山相国寺提出了引退申请，其后辗转于京都周围各地，赋诗度日。虽然大本山相国寺屡次发出规促"归山"的要求，但是大典显常禅师都无动于衷。安永元年（1772），离山游学在外13年后，54岁的大典显常禅师终于返回了慈云院。

前面提到的伊藤若冲与大典显常禅师的因缘是如何

结成的呢？据大典显常禅师亲笔撰写的《斗米庵若冲居士寿藏碣铭》介绍：二人相识于宝云元年（1751），大典显常禅师继任慈云院住持五年前后，即大典显常禅师时年33岁，伊藤若冲时年36岁。当然，我们已经无从考证大典显常禅师的记忆是否准确，但是笔者认为，二人的相见结识应当在更为早一些的时节。

伊藤若冲的憧憬偶像——"卖茶翁"

我们研究探讨画师伊藤若冲与禅师大典显常的殊胜因缘，不可疏忽"卖茶翁"，即"高游外"（江户时代中期的禅僧，俗姓柴山，法号月海，晚年还俗后自称"高游外"——译注）这一历史人物的存在。同样，我们探讨日本近世（日本史泛指江户时代，即1600年至1867年间——译注）"煎茶道"的发展历史，如果忽视了"卖茶翁"的历史足迹，则将成为"纸上谈兵"。毫无疑问，伊藤若冲直至85岁高龄谢世之前，终生不渝地崇拜憧憬的偶像就是"卖茶翁"。

"卖茶翁"出生于肥前国（现冈山县东南部——译注）的莲池藩位于佐贺锅岛的支藩，俗姓柴山。出家于深受当地诸侯锅岛家庇护的黄檗宗龙津寺，经常随从本师化霖禅师前往位于京都宇治的黄檗宗大本山万福寺处理有关法务。化霖禅师圆寂后，33岁的"卖茶翁"担任了莲池的龙津寺住持。年满50岁那年，出于摆脱目前现状的目的，将住持之位让给了法弟大潮元皓。

"卖茶翁"作为黄檗宗下属一大寺院的高僧，不仅精通临济宗和曹洞宗的教理教义，并且谙熟律学。他的这种修持举动在当时被称为"异端"之举。

"卖茶翁"法名为月海元昭。享保二十年（1735），月海元昭迎来花甲之年的这一年头，一位肩背茶具的花甲老人，在京都各处的名胜古迹铺开茶具沏茶待客的话题风传开来。虽然其本人并未主动暴露自己的身份，但是天长日久，时人便慢慢知晓了这位花甲老人的真面目。

相国寺内的伊藤若冲墓冢

以走街串巷卖茶为业的"卖茶翁"之名传遍了京城，其本人或有所风闻，或全然不知，然而却丝毫没有改变其自身目前为止的卖茶生活。"卖茶翁"依旧不闻不问天下巷间事，在各处铺开简陋的茶具，不漏声色默默地煮茶接客。

有关"卖茶翁"的历史资料《近世畸人传》[1]推测，支配卖茶翁"怪异"行径的出发点在于其本人的"以自身一知半解的肤浅学识，而奢谈标榜'宗匠'为耻"这一为人理念。至于"卖茶翁"本人究竟如何考虑，我们现在当然已经无从考证，就是"卖茶翁"本人也当然不会认同对此说三道四。

总而言之，不论具体事实如何，我们至少可以得出这样的推论：在江户时代，曾经有一位名叫月海元昭的高僧舍弃自身荣耀的光环，实践作为一介走街串巷的商人卖茶为生的生活方式，这是一个毫无争议的历史事实。当年，"卖茶翁"的这种默默无声的实践对京都的知识阶层产生了极大的震动，当然大典显常禅师也毫不例外。

当年，"卖茶翁"辗转京都各地，卖茶为生。延享元年（1744），即"卖茶翁"70岁那年，他在相国寺"塔

---

① 《近世畸人传》 为江户时代的传记集，共五卷，伴蒿蹊著，宽政二年（1790）出版。记述了各种职业及各阶层两百余名怪异者的奇异生平。

攜出夜治橋
與來命何處
波清魚煮芳
風味知誰與

蘿衲題

《卖茶翁像》
伊藤若冲 绘
梅庄显常题赞
江户时代
现存于相国寺

头"林光院获得了一间僧房。当时，大典显常禅师身为相国寺的上层管理僧职，虽然还没有成为慈云院院主，但无疑对接纳"卖茶翁"寓居林光院起到了极大的推动作用。

"卖茶翁"寓居林光院十年左右，宝历四年（1754）十月离开了林光院。

"卖茶翁"寓居相国寺内林光院期间，伊藤若冲身边发生了一些影响他一生的大事。

"卖茶翁"与大典禅师的相逢及"若冲"之名的由来

"卖茶翁"得以脱去草鞋寓居相国寺内林光院三年后的延享四年（1747）的某夏日，"卖茶翁"与大典显常禅师（延享三年，大典显常禅师升任慈云院院主）二人信步来到位于相国寺东南方向的下鸭神社内的名为"糺"这片自古纳凉的胜地附近的河边，汲河水煮茶品茗，赋诗唱和。

"卖茶翁"与大典显常禅师当时所赋诗句留存于世。二人当时使用过的"注水"（或称"指水"，为盛水的水罐——译注）奇迹般地保存了下来（现存于花月庵）。"注水"的侧面书有诗句和题款，为大典显常禅师的笔迹，该诗如下：

去浊抱清

纵其俪落

大盈若冲

君子所酌

丁卯夏日　东湖山人题于糺林水涯

　　题款中的"东湖山人"为大典显常禅师的别号。该诗的作者为大典显常禅师，还是"卖茶翁"，现在较难确认。值得庆幸的是，有关"卖茶翁"的这件历史文物居然能够完整地保存至今。

　　下面，我们来看一下诗中的"若冲"二字。首先，大典显常禅师手书诗中所用的"冲"字为日语常用汉字中"冲"字的俗字。其次，诗中的"大盈若冲"一语引自

《伊藤若冲像》（局部）

久保田米仙 绘 收藏于相国寺

《老子》第四十五章，现将《老子》中含有该句的一节摘录如下：

大成若缺，其用不弊。

大盈若冲，其用不穷。

大直若屈，大巧若拙，大辩若讷。

根据《全释汉文大系》的注释，大意如下：一件完成之物，看似何处略有缺陷，但是将受用无尽。一件圆满之物，看似中空如虚，但是其用途无穷。一件巧妙之物，看似拙劣失巧，异常雄辩之言，听似讷弁之语。

众所周知，室町时代初期水墨画泰斗、禅僧画家"如拙"①二字，就是取自《老子》中这一节中的词语。

《老子》第四十五章中"大盈若冲，其用不穷"一句告诫我们这样一个道理：一个空空荡荡的水罐看起来似乎毫无用处，但是一旦注满了水就会知晓其无穷无尽的用途。

大典显常禅师在现存的"注水"侧面，并没有使用日语常用汉字中的"若冲"二字，而是使用了"若冲"二

---

① **如拙**　室町时代的禅僧画家，为活跃在以相国寺为中心的初期水墨画坛的先驱者。代表作为《瓢鲇图》（国宝　现存于京都退藏院）。"如拙"之号取自《老子》中"大巧若拙"之句，由同一时代的禅林名僧绝海中津命名。

字。秋山光夫①先生据此研究推断：伊藤若冲这一名字中的"若冲"，就是取自"注水"侧面所书诗中的"若冲"二字。

上面提到，"卖茶翁"在延享元年至宝历四年十月的十年间寓居于相国寺内林光院。根据完好保存至今的"注水"可以推断："卖茶翁"寓居林光院期间一定十分珍爱这件见证与大典显常禅师交谊之物。同时，也还可以推断：当年"卖茶翁"与大典显常禅师二人曾于纳凉胜地"糺"附近的河畔煮茶品茗，谈笑娱乐。根据"注水"侧面的题款可知，大典显常禅师亲笔书写的"大盈若冲"一句之时，应为延享四年的夏季。

那么，画师伊藤若冲与禅师大典显常的亲密交往究竟是从什么时候开始的呢？我认为这一点很难断定。但是，根据伊藤若冲五十一岁那年建造的"寿塔"上大典显常禅师亲笔撰写的《若冲居士寿藏碣铭》中"余，与吾子相交十有余年"一句，可以推断：二人的交往应当开始于伊藤若冲三十五、六岁那一年。

但是，笔者认为大典显常禅师和"卖茶翁"在纳凉胜地"糺"附近的河畔煮茶品茗之际，伊藤若冲应该也一同

---

① **秋山光夫** 大正、昭和年间的美术史学者，专门从事日本近世绘画史研究，著有《日本美术论考》、《皇室收藏的伊藤若冲动植彩绘精影》等。

前往。如果笔者的这个推论成立的话，位于京都锦小路高仓之地的青菜批发店"桝屋"的店老板伊藤源左卫门此时应该为虚岁三十二岁。笔者推断，当年伊藤若冲陪伴在大典显常禅师和"卖茶翁"这两位稀世"文人学者"身旁，目睹"注水"上书写的诗句而兴趣盎然地请教诗意之际，一定被诗句所包含的深远意境所打动，尤其对"若冲"二字甚为喜爱，而选作自身的画师之"号"。

简而言之，身为净土宗信徒的伊藤若冲如若没有亲近以临济禅为宗旨的相国寺，也就绝不可能被誉为当今日本最负盛名的杰出画家。

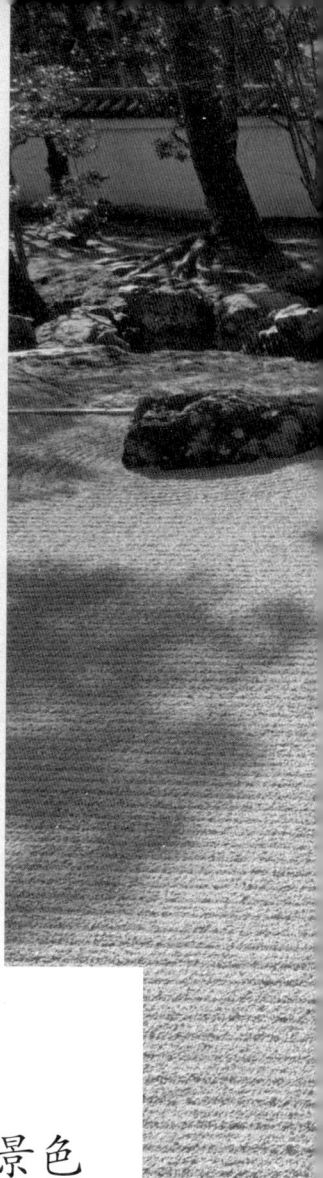

禅艺术与相国寺

相国寺・金阁寺・银阁寺景色
承天阁美术馆馆藏珍品
《释迦三尊像》和《动植彩绘》
（伊藤若冲绘）

　　《释迦三尊像》中间为释迦如来，右幅为象征诸佛智慧的文殊菩萨，左幅为象征佛陀的觉悟、冥想、修行的普贤菩萨。

　　《动植彩绘》一套共三十幅，以"山川草木悉皆成佛"为主题，淋漓尽致地描绘讴歌了所有花草树木及鸟虫鱼虾都是佛陀所引导的众生，都是具有宝贵生命力的生灵。

相国寺 · 金阁寺 · 银阁寺景色

相国寺法堂内部的藻井画"蟠龙图" 狩野光信 绘

相国寺法堂再建于长庆十年（1605），藻井画"蟠龙图"为狩野光信（1565~1608）所绘。狩野光信系狩野永德的长子，其父故去后成为狩野一族中心人物侍奉丰臣秀吉。该藻井画绘制完工三年后，狩野光信故去，此幅巨作为其生前最后的绘画艺术创作。如果站立在"蟠龙图"下相击双掌，其掌声即可由藻井返回地面，故又称"鸣龙"。

相国寺法堂"无畏堂"与松林

　　相国寺为临济宗相国寺派大本山，正式名称为"相国承天禅寺"，山号为"万年山"。法堂别称"无畏堂"，创建于明德二年（1391），其后屡遭火灾，现存的建筑物系长庆十年（1605）丰臣秀赖再建，为日本最为古老的法堂。宋代佛寺建筑式样的法堂配有左右对称的走廊，格式独特，为国家重要文物。法堂前方，呈现着紫铜色树干的红松凛凛挺立，无比静寂的伽蓝中飘荡着威严的气氛。

相国寺法堂"无畏堂"南侧

开山塔庭园

　　开山塔位于法堂东侧，系相国寺内最为重要的场所，塔内安放着开山祖师梦窗疏石的木像。现存建筑为江户时代末期桃园天皇的皇后"恭礼门院"所居旧殿"黑御殿"，文化四年（1807）下赐迁移至相国寺内现址。前庭为枯山水，庭内遍布白川沙，深处配以奇岩怪石，植有四季树木。

金阁寺音舞台

　　1989年，由京都佛教会和每日放送联合举办的，以"东洋与西洋的邂逅"为主题，以上演超一流艺术为具体形式，以古都的佛教名刹为会场的"音舞台系列"专题演出拉开了帷幕。2007年9月8日，为纪念相国寺创建者足利义满逝世六百周年，在鹿苑寺举行了第20次专题演出。以由照明装饰点缀的金阁为舞台背景，"能"观世流宗家观世清和在搭设于镜湖池上的特设舞台上，表演了"半能"（只上演前后两场中的后场）《融——思立之出·舞返之传》。

雪中金阁 "舍利殿"

　　金阁寺的正式名称为"北山鹿苑寺"，"金阁"特指建于该寺中心镜湖池畔的三层阁楼"舍利殿"。由于金阁为该寺标志性建筑，所以现在通称为金阁寺。金阁的二层和三层外部在黑漆上镶贴金箔，由薄木板葺顶，阁顶由凤凰压顶。三层结构的金阁第一层为平安时代的宫殿建筑式样，名为"法水院"的阿弥陀堂，二层为镰仓时代武家建筑式样，名为"潮音洞"的观音堂，三层为禅宗建筑式样，定名为"究竟顶"的佛堂。创建当初，二层曾悬挂足利义满手书"潮音洞"匾额，三层曾悬挂后小松天皇手书"究竟顶"匾额。

银阁与锦镜池

　　银阁寺系指足利义政创建的整个东山殿，正式名称为"东山慈照寺"。与足利义满创建的鹿苑寺的金阁（舍利殿）相比，慈照寺的观音殿并没有镶贴银箔，但是其后将慈照寺的观音殿称为"银阁"，进而将整个慈照寺称为银阁寺。银阁即位于寺内西北角的观音殿，为宝形造，即撮尖顶建筑式样，薄木板葺顶的二层阁楼，阁顶由凤凰压顶。一层为书院式样的"心空殿"，二层为禅宗式样的"观音阁"，供奉着观音像。足利义政逝世后，银阁寺与金阁寺同样成为隶属于临济宗相国寺派的禅刹。

观音忏法

每年6月17日在相国寺方丈举行。作为本尊佛，方丈正面悬挂着室町时代著名临济宗画僧吉山明兆所绘的"白衣观音像"；作为侍像，左右两侧分别悬挂着伊藤若冲绘制的"普贤菩萨像"和"文殊菩萨像"。所谓"观音忏法"，即为以观音菩萨为本尊佛，诵读经文，忏悔罪过，祈祷冥福的传统仪式。

相国寺内定家、义政、若冲的墓冢

大本山相国寺内的墓地中，室町幕府第八代将军足利义政的小型宝筐印塔位于中间，左侧为著名歌人藤原定家的五轮塔，右侧为著名画家伊藤若冲的墓冢，和睦地排列在一处。这三座墓冢原来分别位于他处，第二次世界大战结束后整理墓地时，由于过于知名，所以特意汇聚排列到了一处。伊藤若冲的墓冢上刻有"斗米庵若冲居士墓"。"斗米庵"为若冲的道号，源于以一幅绘画作品交换一斗米之意。

梦窗疏石顶相　自赞

挂轴一幅 绢本设色　尺寸114.5cm×59.0cm

南北朝时代 现存于相国寺

面相线条匀称，金泥衲衣外着牡丹唐草纹袈裟半身像，氛围华贵。梦窗疏石（1275～1351）为活跃于南北朝时代的禅林高僧，受后醍醐天皇、足利尊氏皈依，作为临济宗"梦窗派"开祖，门下名僧辈出。"顶像"即禅僧的肖像画，作为嗣法证明，由本师添加赞语后交付受法弟子。

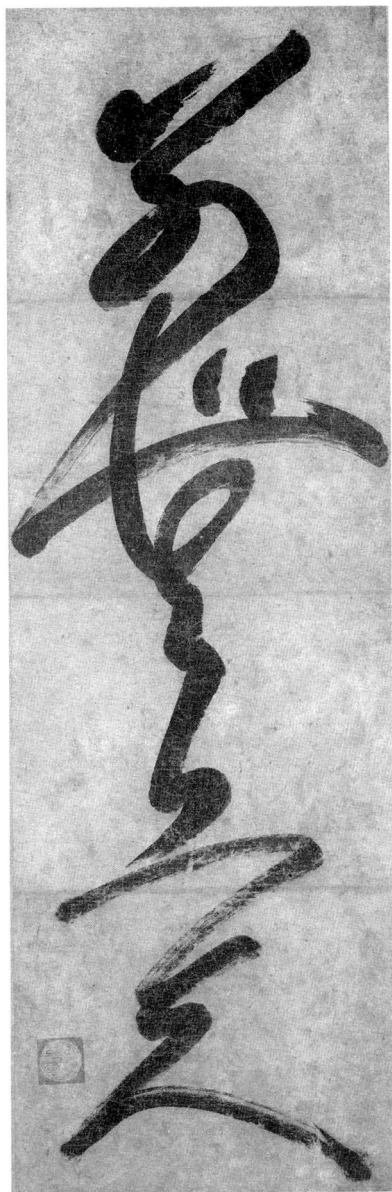

梦窗疏石墨迹《别无工夫》

挂轴一幅 纸本墨书　尺寸98.7cm×31.7cm

南北朝时代　现存于相国寺

　　"别无工夫"，出自元代天宁万寿禅寺善俊等编纂的《禅林类聚》中"别无工夫，放下便是"一语，寓意为"如果舍弃诸般杂念，以自然姿态行路，就会自然而然地心宽路广"。梦窗国师有很多"一行书"传世，唯此被誉为佳作中的名品。

红叶丛中的承天阁美术馆

昭和五十九年（1984）4月，作为纪念相国寺创建六百周年纪念活动之一，承天阁美术馆开馆了。公开展出大本山相国寺，以及鹿苑寺（金阁寺）、慈照寺（银阁寺）所收藏保存的工艺美术文物。馆内收藏保存着从镰仓和室町时代至江户时代的禅僧墨迹，以及绘画、茶道用具等大量的工艺美术文物，其中含国宝级文物5件，国家级重要文物143件。

承天阁美术馆馆藏珍品

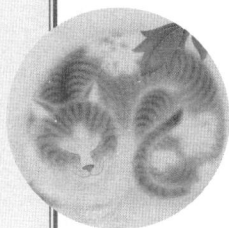

1984年，为了普及和弘扬禅文化，临济宗相国寺派创建了承天阁美术馆。受大本山相国寺、鹿苑寺（金阁寺）、慈照寺（银阁寺）及其他塔头寺院委托，负责保存、展出、修复、调查研究上述寺院所藏文物。

第一展室常设展为茶室「佳夕亭」复制品，该茶室现存于鹿苑寺内，系江户时代初期著名茶人金森宗和的佳作。

第二展室常设展为京都画坛奇才伊藤若冲所绘水墨画杰作《鹿苑寺旧大书院障壁画》（一部分，为重要文物）。驻足于馆内静寂的空间，可以在至近范围内尽情观赏伊藤若冲纤细优雅的生花妙笔。

1.《寻牛》

2.《见迹》

3.《见牛》

4.《得牛》

5.《牧牛》

《十牛图》周文 绘

一卷 纸本淡彩水墨画 32.0×181.5cm
室町时代现存于相国寺《十牛图》为禅画的
主题之一，借用水牛与牧童的形象为"方
便"，喻示禅宗明心见性的十个阶段，它
系统地描绘出由入门禅修到开悟而入世的心
路历程。由第一幅《寻牛》开始，至第十幅
《入廛垂手》，依照禅修得悟的顺序排列描
绘。
《十牛图》中尤以中国宋代禅僧廓庵师远之
作蜚声画坛。"十牛图"中的"牛"寓意
"真理"或"得悟"。第一幅《寻牛》，寻
找丢失的水牛。第二幅《见迹》，发现水牛

6.《骑牛回家》

7.《忘牛存人》

8.《人牛俱忘》

9.《返本还源》

足迹。第三幅《见牛》，追寻水牛叫声，发现水牛身影。第四幅《得牛》，发现水牛，牵紧缰绳。第五幅《牧牛》，驯服暴躁的水牛。第六幅《骑牛归家》，骑着水牛吹着牧笛，踏上归途。第七幅《忘牛存人》，牵牛归家，无所事事。比喻若已得悟，则无事安闲。第八幅《人牛俱忘》，凡情脱落，一片空白，人牛皆忘，比喻自心本来清净的得悟境相。第九幅《返本还源》，水绿山青，无尘无埃，比喻自心本来清净，无烦恼妄念的诸法实相。第十幅《入廛垂手》，得悟后回归世俗世界之境相。日常生活如初，但精神境界迥然不同。

10.《入廛垂手》

《鸣鹤图》 文正绘

重要文物 双幅 挂轴绢本 淡彩水墨画 单幅尺寸181.3×85.2cm
明代 现存于相国寺

　　中国明代初期画家文正，号"泉石"，以擅长花鸟画闻名，传记不详。双幅
《鸣鹤图》为现存的唯一作品。右幅题为"赤壁横江"，画幅中央描绘一只丹顶
鹤轻舒双翅翱翔云天的英姿；左幅题为"九皋唳月"，描绘一只丹顶鹤仰头望月
而鸣的情影，惟妙惟肖地捕捉到了一"动"、一"静"的两只丹顶鹤。本《鸣鹤
图》系相国寺第六代住持绝海中津由中国留学归国之际携来，自古闻名日本绘画
收藏界。

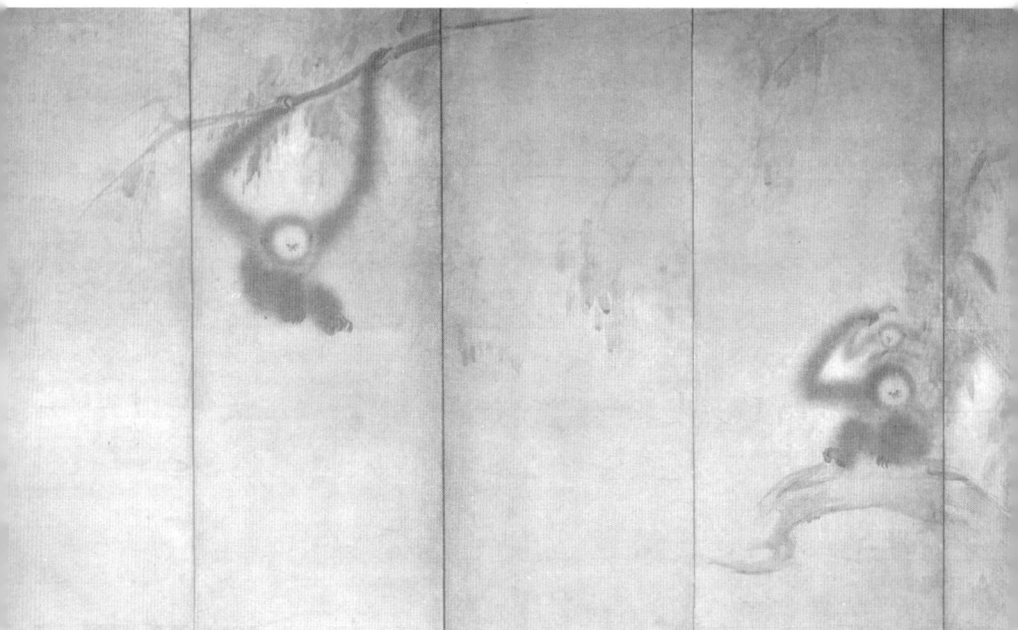

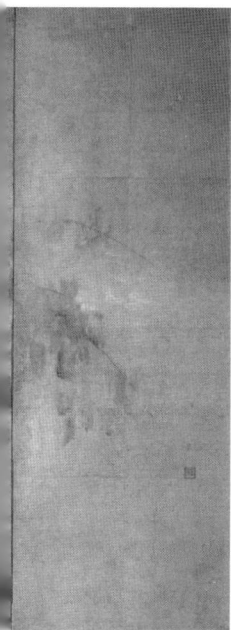

《竹林猿猴图》屏风　长谷川等伯 绘

重要文物 六幅双扇 纸本水墨画 各幅尺寸154.0×361.8cm
桃山时代 现存于相国寺

六幅双扇屏风的右扇，描绘了在柔和光线笼罩着的古木上戏
耍的三只母子猿猴，左扇描绘了一片万籁静寂的竹林。本幅
佳作可以窥见雪舟的水墨画、中国的古画以及牧谿画风的影
响痕迹。
长谷川等伯（1539—1610）为能登的七尾城城主畠山的家臣
奥村文之丞宗道之子，后过继为染色家长谷川宗清的养子。
最初，长谷川登伯以"信春"为号，从事佛画和肖像画创
作；其后，进京私淑雪舟和牧谿，并广采"狩野派"画风，
形成了独具特色的水墨画画风及"金碧画"式样风格。其代
表作为《松林图》屏风（国宝，现存于京都国立博物馆），
《枫图》（国宝，现存于智积院）等。

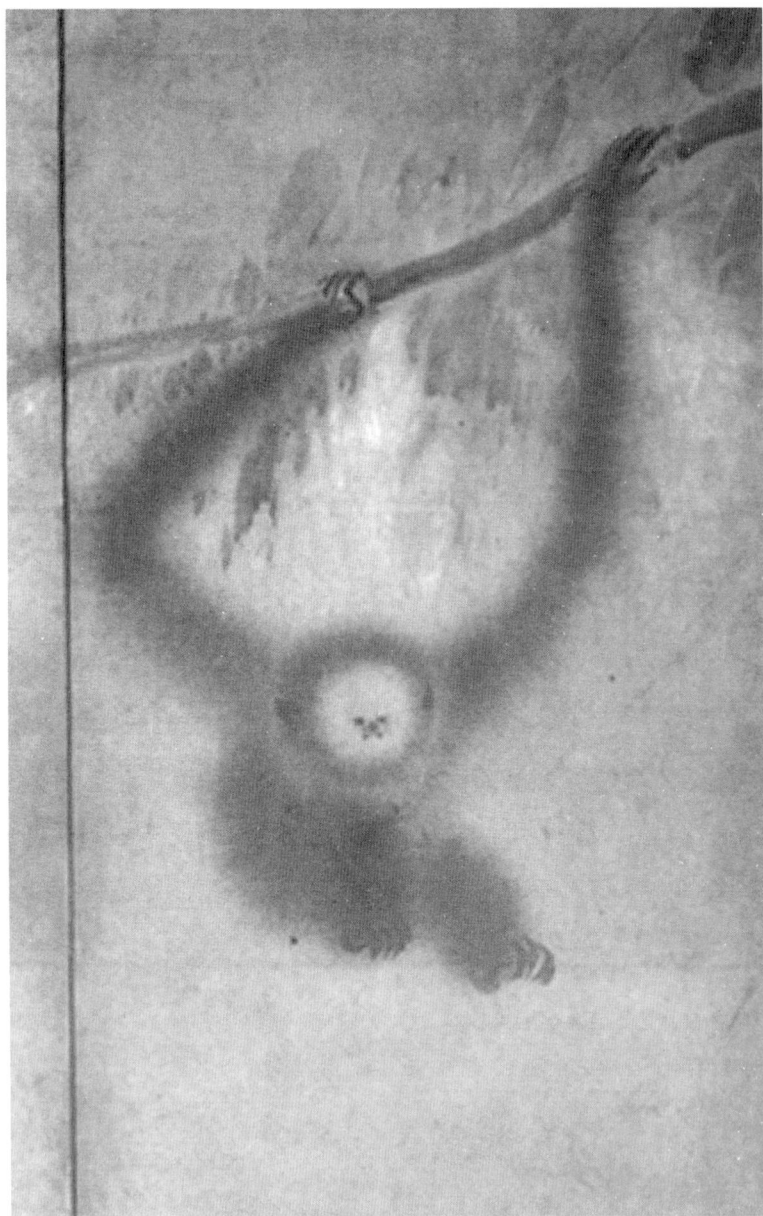

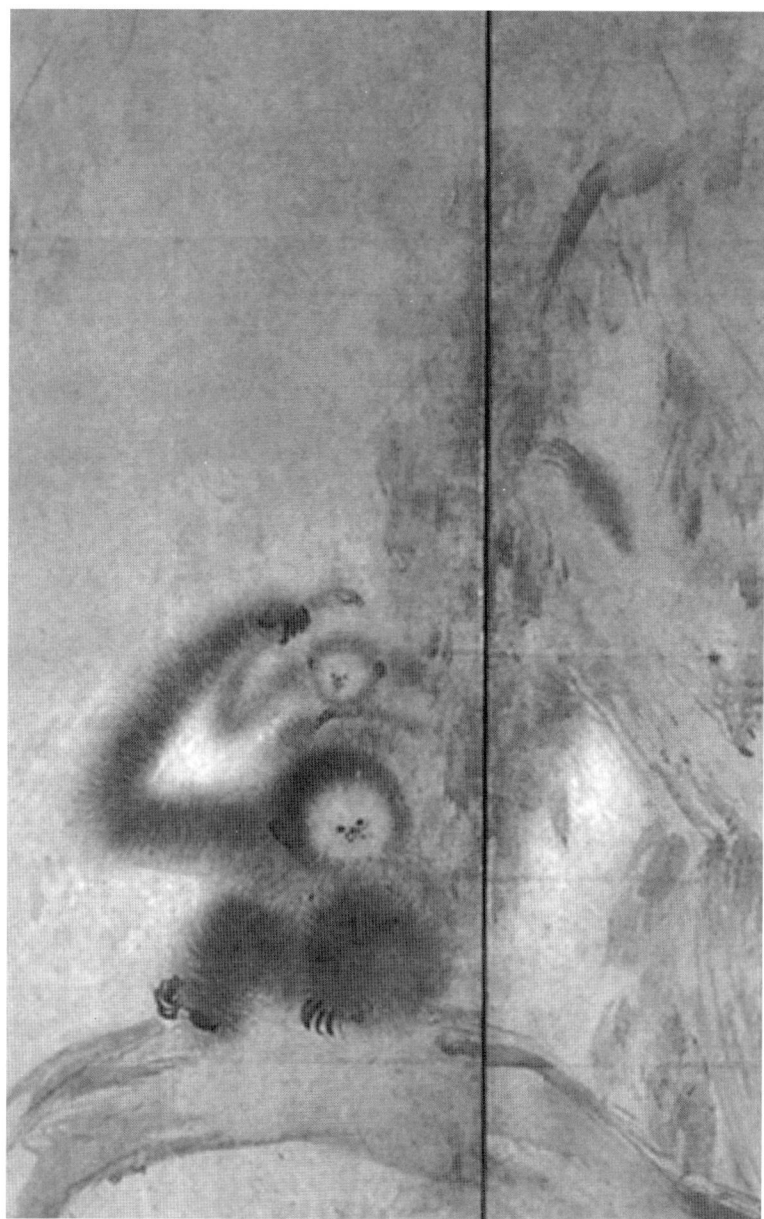

《琴棋书画图》屏风

六幅双扇 纸本金地设色　尺寸168.0×360.0㎝

江户时代　现存于相国寺

在中国，将作为"士君子（学问人格俱佳之人）"必须修学的业余爱好，即古

琴、围棋、书法、绘画四种艺能，统称为"琴棋书画"。日本室町时代后期，开始将"士君子"题材广泛地采用于卷轴画、隔扇画、屏风画等。身着华贵艳丽服饰的高雅之士及宫女汇聚于清流潺潺的静寂山中，右扇为抚琴下棋，左扇为执笔书画。人物、草木、山岩、水流的画风都完整地体现了"江户狩野派"的特色。

《长尾鸟图》《鹡鸰图》《鸠图》《鸡图》
狩野探幽 绘
座屏风双扇 绢本淡彩水墨画 各幅尺寸52.5×51.5cm
江户时代 现存于相国寺

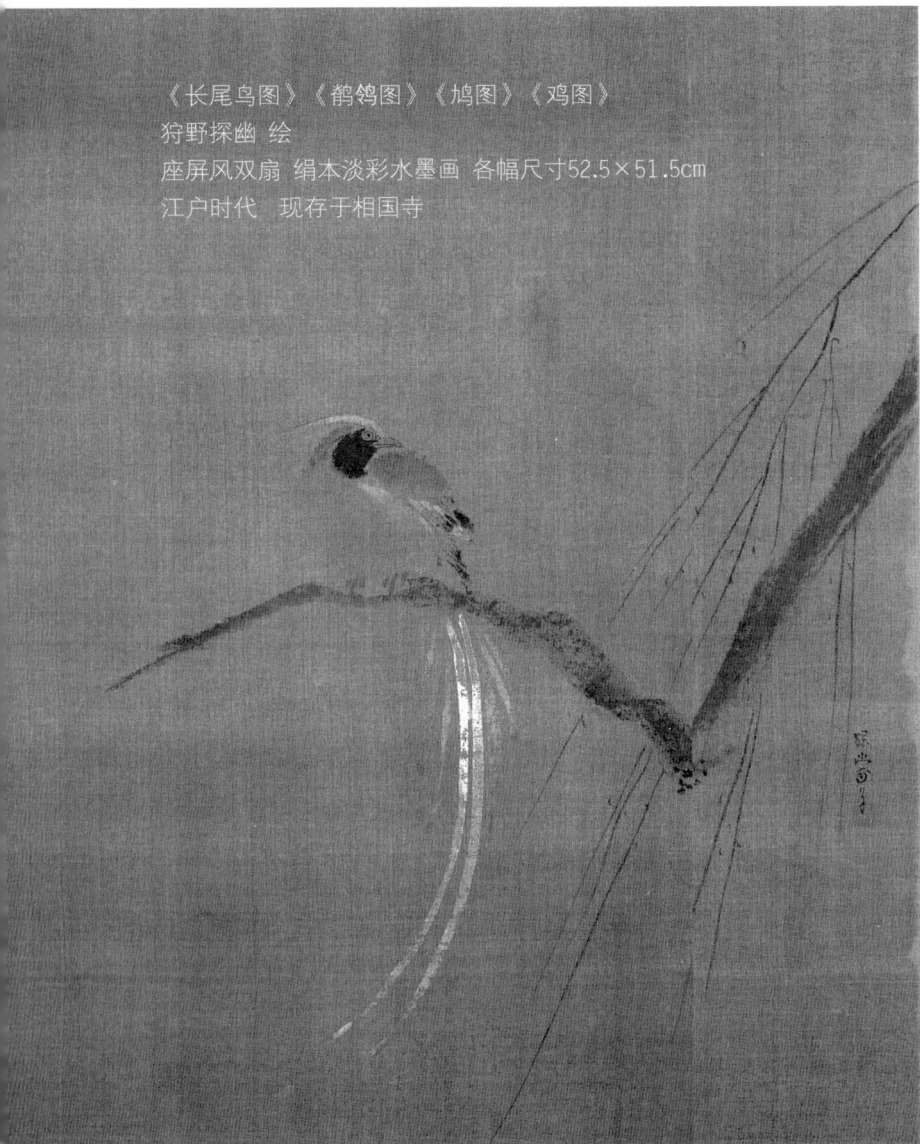

座屏风的正反面分别绘有嬉水于荷叶之上的鹡鸰，栖息于白梅枝头的鸠，栖息于垂柳枝头的鸠和长尾鸟，觅食于翠竹之中的雄鸡。娴熟地运用水墨的浓淡色彩，栩栩如生地描绘了几尾飞禽玲珑可爱的姿态。

狩野探幽（1602—1674），江户时代前期画家，为桃山时代著名画家狩野孝信长男，生于京都。元和三年（1617）被选为江户幕府的御用画师，参与绘制为数众多的寺院及城郭的隔扇画和壁画，奠定了有别于豪华壮丽的"桃山式样"，而以潇洒、恬静、淡泊为特色的崭新画风，极大地影响了其后江户时代画坛的全面走向。

《鹡鸰图》

《鸠图》

《鸡图》

《牡丹猫》 土佐光起 绘

挂轴双幅 各幅尺寸33.5×44.6cm

江户时代 现存于相国寺

图中描绘了一只歇息于盛开着的色彩绚丽的牡丹花下的花猫；下页图描绘了一只静立于沉甸甸的丰满粟穗下的鹌鹑。整个画面端庄靓丽，笔法纤细，色彩细腻，充分地显示了继承了平安时代以来的"大和绘"（将中国唐代传来的绘画式样加以改良，溶入了日本情趣的世俗画总称——译者注）传统的"土佐派"的绘画艺术特色。

《粟穗鹑图》 土佐光起 绘

土佐光起（1617—1691）江户时代初期的画家，"大和绘"之"土佐派"画师
土佐光则之长子，生于堺。宽永十一年（1634）随其父一同进京，恢复了断绝于
土佐光元时代的宫廷"绘所预"一职。其画风承袭了"大和"宗家的传统，作品
多取材于《源氏物语》和"歌仙"。在花鸟画领域，他创造了将"汉画"（中国
汉代绘画或中国绘画总称——译者注）与"大和绘"折中融合的独自画风。

《敲冰煮茗图》 圆山应举绘

挂轴 单幅尺寸131.9×162.2cm 江户时代 现存于相国寺

所谓"敲冰煮茗",就是敲碎冻冰煮茶。本作品以隐者王休在中国陕西省太白山山中,取溪流旁冻冰煮茶待客为题材,为圆山应举较为喜好的反映中国文人士大夫情趣的绘画题材。

圆山应举（1733—1795）为江户时代中期画家,生于现京都府龟冈市。幼小喜好绘画,后进京在玩具店打工学徒,掌握了彩色着色技法。其后,为位于大津的圆满院门主祐常所赏识,以临摹圆满院所藏绘画为生,进而形成了以写生为基础的写实主义画风和传统装饰画样式为特征的崭新画风。以圆山应举为代表的"圆山派"奠定了近代日本画的基础。

《牵牛花图》 圆山应举绘

挂轴一幅 纸版银地设色 尺寸119.4×109.0cm

江户时代 现存于相国寺

由银地画面右下角延伸而上的青翠欲滴的牵牛花藤蔓的绿叶，配之鲜亮
夺目的青紫色花朵，整个布局相间有疏，藤蔓花朵相得益彰。根部藤蔓
叶间栖息着两只蚂蚱和铃虫，使整个画面平添无限生机。银地画面赋予
观赏者以充满幻想的无限空间。现装裱为挂轴画形式，原为绘于金地画
面的蔷薇和一对文鸟的《蔷薇文鸟图》屏风的背面。

《释迦三尊像》和《动植彩绘》（伊藤若冲绘）

（1）

（1）《普贤菩萨像》
（2）《释迦如来像》
（3）《文殊菩萨像》

挂轴三幅　绢本设色
各幅尺寸210.0×111.3cm
江户时代　现存于相国寺

以佛教开祖释迦如来为中心，右幅为象征诸佛智慧的文殊菩萨，左幅为象征佛陀的觉悟、冥想、修行的普贤菩萨。据伊藤若冲所撰《捐赠说明》记载，此《释迦三尊像》系由中国传入京都东福寺的画家张思恭所绘原作的摹本。明和二年（1765），伊藤若冲将本《释迦三尊像》连同《动植彩绘》三十幅，作为其父母及本人的世代供养香资，捐赠给了相国寺。

1《莲池游鱼图》
2《牡丹小禽图》
3《老松鹦鹉图》
4《秋塘群雀图》
5《群鸡图》
6《向日葵雄鸡图》

挂轴三十幅　绢本设色
现存于宫内厅三之丸尚藏馆

《动植彩绘》为伊藤若冲于宝历七年（1757）前后至明和三年（1766）前后，花费近十年左右的心血完成的毕生大作。不论色彩斑斓、笔触精致的画工，还是新颖奇特的构图布局，都将引导观赏者步入一个空前绝后而如梦似幻的境界。《动植彩绘》一套共三十幅，以"山川草木悉皆成佛"为主题，淋漓尽致地描绘讴歌了存在于这个地球上的所有花草树木及鸟虫鱼虾都是佛陀所引导的众生，都是具有宝贵生命力的生灵这一佛教理念。

1

2

（2）

（3）

3

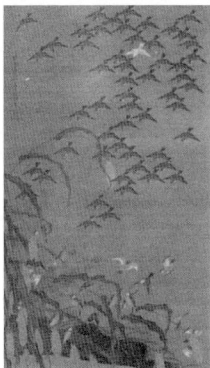

4

5

6

《芍药群蝶图》（《动植彩绘》）

伊藤若冲 绘 挂轴单幅 绢本设色 尺寸142.0×79.8cm
现存于宫内厅三之丸尚藏馆

《莲池游鱼图》（《动植彩绘》）

伊藤若冲 绘 挂轴单幅 绢本设色 尺寸142.6×79.7cm

现存于宫内厅三之丸尚藏馆

《南天雄鸡图》（《动植彩绘》）

伊藤若冲 绘 挂轴单幅　绢本设色

尺寸142.6×79.9cm

现存于宫内厅三之丸尚藏馆

《向日葵雄鸡图》（《动植彩绘》）

伊藤若冲 绘 挂轴单幅　绢本设色

尺寸142.53×79.7cm

现存于宫内厅三之丸尚藏馆

《老松鹦鹉图》（《动植彩绘》）
伊藤若冲 绘 挂轴单幅 绢本设色
尺寸142.6×79.7cm
现存于宫内厅三之丸尚藏馆

《秋塘群雀图》（《动植彩绘》）
伊藤若冲 绘 挂轴单幅 绢本设色
尺寸142.8×80.1cm
现存于宫内厅三之丸尚藏馆

《群鸡图》（《动植彩绘》）

伊藤若冲 绘 挂轴单幅 绢本设色 尺寸142.6×79.7cm
现存于宫内厅三之丸尚藏馆

《牡丹·百合图》伊藤若冲 绘

挂轴双幅　绢本设色　各幅尺寸121.4×70.3cm
现存于慈照寺
本作品为双幅花鸟画。左幅（上页），红白牡丹倚傍满布苔藓的太湖石争芳斗
妍，小鸟在枝头歇息；右幅描绘了在百合花间嬉耍的昆虫、繁忙劳作的蜘蛛和蜗
牛。从其墨线描绘的轮廓及浓淡法的运用，可以窥见中国清代花鸟画写实画法大
家沈南萍的遗风。但是，牡丹、太湖石、蜘蛛网和虫蚀的残叶等，则体现了与伊
藤若冲的《动植彩绘》一脉相承的构思主题。

《葡萄小禽图》隔扇画　伊藤若冲 绘

重要文物　隔扇四幅　纸本墨画　各幅尺寸 168.5×93.0cm

江户时代　宝历九年（1759）　现存于鹿苑寺

鹿苑寺大书院内的隔扇之一，本图描绘于"一之间"（玉座间）东侧的隔扇上。枝干笔法明快而富有韵律感，整幅作品细部描绘缜密；每粒葡萄果实色彩浓淡各异，为了表现整体的量感，在绝妙的位置上施以墨点。该作品完美地体现了装饰性与写实性相结合的特色，为伊藤若冲水墨画的代表作。宝历九年，为庆祝梅庄显常，即大典显常禅师的弟子龙门承犹升任鹿苑寺第七代住持，经大典显常禅师斡旋，伊藤若冲特意创作了这幅力作。

《竹图》隔扇画　伊藤若冲绘

重要文物　隔扇四幅　纸本墨画　各幅尺寸　168.5×93.0cm
江户时代　宝历九年（1759）　现存于鹿苑寺

《竹图》绘于大书院"狭屋间"的隔扇上。所谓"狭屋间"，在建筑学上发挥着连接室外与客厅的"大厅"的作用，所以自古以来"狭屋间"的隔扇上大多描绘《竹虎图》，而伊藤若冲单独描绘了几株墨竹。强韧地向上延伸的竹竿孕育着顽强的生命力，椭圆形竹节和三角形竹叶笔触富有鲜明的韵律感，营造出了一个挺拔而立的竹林的清爽空间。

《竹虎图》

梅庄显常（大典显常禅师）题赞　伊藤若冲　绘

双幅挂轴　纸本墨画　各幅尺寸159.5×68.4

江户时代　现存于鹿苑寺

《竹虎图》描绘了一只在竹林中歇息舔掌的猛虎。运用纤细的笔触表现了猛虎的富有重量感的躯体，斑纹波动起伏，柔和俊美。伊藤若冲生活的江户时代中期，在京都附近难以目睹虎狮之类的猛兽，而只能临摹古画作品。但是伊藤若冲长于临摹，所临摹的作品大多超越原作水平。

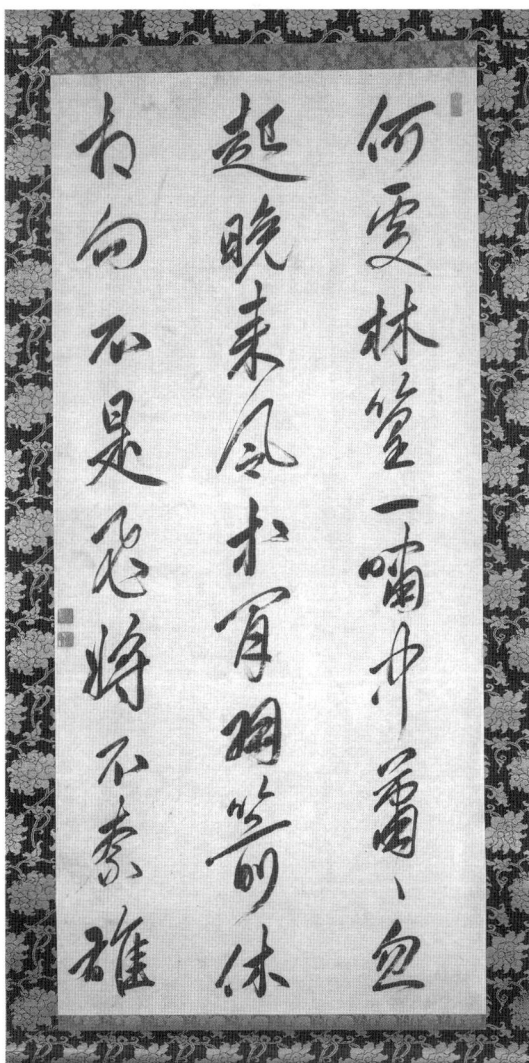

上幅为梅庄显常（大典显常禅师）亲笔手书七言绝句，该诗原收于诗集《小云栖稿》，内容为："何处林篁一啸冲，萧萧忽起晚来风，等闲羽箭休相向，不是飞将不奈雄。"咏叹了猛虎的勇猛和力量的象征——风。

生命禅坊

日本·禅·生活

　　禅起源于古代印度，公元6世纪传入中国，随后又从中国传入日本。经过多个世纪的传承和演变，在日本形成了独特的日本禅。

　　日本禅并非限于宗教范畴，而已渗入日本文化生活的各个层面。日本禅无处不在，栖居于日本人生活的细枝末节。正如铃木大拙所说："禅的中心事实是生活，禅独有的长处就在这里。"

有马赖底禅文集（全六册）

（日本）有马赖庭／著
刘建 华海／译

《活在禅中》

　　本书由禅入话，运用禅家睿智解读物欲横流、拜金主义横行的现代社会，阐述为人处世哲理，劝诫世人看破放下，卸掉肩头包袱，舍弃诸般欲望，清扫心灵污垢，回归清净自我，尽享绚丽人生。全书章节简练，行文深入浅出，语言幽默诙谐，娓娓道出禅家箴言妙语，开出根治现代疾病的灵丹妙药。

《破壁入禅》

　　作者信手拈来禅家公案、名言，古为今用，禅为日用，教导人们在举手投足之间把握禅的精髓；以禅家睿智为迷惘于现代社会诸般矛盾之人指明了如何正视人生逆境，面对现实磨难的思维方式与行动准则。全书章节简练，深入浅出，契理契机，引人入胜，拳拳禅心，发人深省。

《禅茶一味》

　　中国禅宗的东渐，日本禅宗的兴隆普及，造就了绚丽多彩而独具特色的"禅文化"。身为日本佛教界领袖和著名禅师、茶人、美术鉴赏评论家，作者以独到的旁征博引，勾勒出禅法东渐的轨迹，着力考证论述了禅文化的至为重要一枝禅茶文化的发展历史。

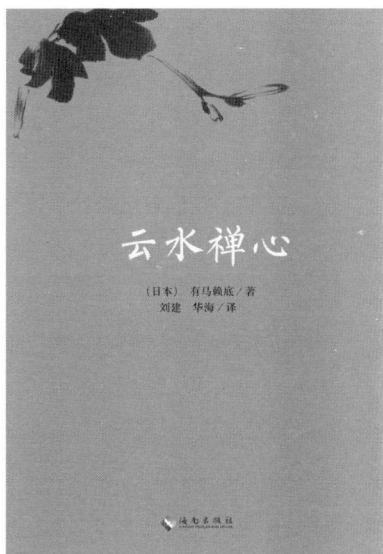

云水禅心

（日本）有马赖底／著

刘建 华海／译

海南出版社

《云水禅心》

　　"云水"为禅家参禅闻法至为重要的实践之一。本书为作者以终生行脚弘道的释尊为典范，巡礼亚洲各地佛教圣地，广弘人间佛教的随笔游记。作者在描绘佛教东渐轨迹的同时，以禅者独到的角度重点论述了慧能、黄檗、临济、梦窗国师等中日禅僧在佛教东渐史上的历史地位，以禅茶文化为中心阐述了笔者自身的禅宗艺术论。

《禅僧直往》

　　本书为日本当代著名高僧有马赖底的自传，作者运用充满真挚情感的细腻笔触，描绘了出身名门望族，幼年时代曾经为天皇伴读，而后投身佛门，活跃日本，广宏人间佛教的当代禅僧的鲜明形象。

《禅的对话》

　　本书通过　禅师与日本文化艺术界三位代表人物的对谈，揭示日本禅宗的精髓，以及禅文化与日本传统文化的渊源关系。本书图文并茂，全方位而形象地展示了日本现代名僧有马赖底广弘人间佛教的精神世界，以及现代日本禅佛教和禅文化的全貌。全书构思新颖，资料详实珍贵，为一部详细了解日本禅及日本禅文化的佳作。

与生命相约

　　如果您在读书坊里的书，有些心得和感受，希望师父们再继续指点迷津，可以和我们分享和交流；如果您遇到好书或好的作者，请第一时间和我们联系。我们期待与您相约，共同创造美好的心世界。

咨询电话：010-64828846-639
电子信箱：eric998@126.com
新浪网微博：生命书香 http://weibo.com/u/3088715783
百道网书坊专栏：www.bookdao.com/person/31438
联系人：柯祥河